청소하다가 …

나남출판

나남산문선 · 56

박정규
산문집

청소하다가 …

나남출판

증보판 서문

2001년 봄, 법률신문사 Y차장의 부탁을 거절하기 어려워 《법률신문》의 〈목요일언〉(木曜一言)란에 기고할 기회를 가졌다. 이 글들을 모아서 3년 전 이 책의 초판을 냈는데, 대검찰청 공보관 시절 알고 지내던 몇몇 법조출입기자들이 과분하게 책 소개를 해주는 바람에 극히 잠깐 이름이 알려져 잡지에 글을 실을 기회도 있었다.

초판을 내주던 출판사가 어려움으로 더 이상 인쇄도 할 수 없게 되어 새로 다른 출판사를 찾았다. 기왕 다시 내는 김에 앞서의 기고한 글들을 이번에 추가했고, 기존의 내용에 몇 부분은 덧칠을 하기도 하였는데 괜한 사족(蛇足)이나 붙이지 않았는지 모르겠다. 하기야 그 동안에 검사를 그만두고 변호사 개업을 하였으니, 책 표지 뒷면의 이력란도 바뀌기는 바뀌어야 하니까.

혹 어쩌다 있는 지인들의 격려에 내가 스스로 문필가로 착각하는 것이 증보판을 내는 솔직한 이유가 될 수도 있겠다고 생각하면서….

《청소하다가…》라는 책 제목 때문에 변호사 개업을 한 후 지금도 청소는 계속

하느냐는 질문을 자주 받는다. 그것은 운동이니까 나 자신을 위한 것으로, 우문(愚問)일 뿐이다.

    돈도 되지 않을 줄 알면서 출판을 허락해준 외우(畏友) 조상호 사장과 관계인 여러분에게 심심한 사의를 표한다.

2003년 초봄
박 정 규

글머리에

밤은 낮의 여분이요, 비오는 날은 보통 날의 여분이다. 겨울이 한 해의 여분이라면 새벽에 일어나 청소하는 것은 하루 일과 중의 여분일 게다. 우연히 운동 삼아 이곳 저곳을 쓸고 닦으며 청소하다가 그때그때 메모해 둔 것을 정리하여 한 권의 책을 펴냈다.

젊은 시절, 밤 새워 연애편지를 쓰면서 몇 번인가의 퇴고(推敲)를 거쳐 내내 끙끙거리며 한 장을 마무리지었다. 다음날 편지를 부치기 전 다시 한 번 읽어보면, 밤새 생각하고 고민해서 쓴 편지가 그렇게 유치할 수가 없었다. 그래서 그대로 처박아 두기를 또 여러 번. 그래도 마음은 전달해야겠기에 풀로 붙여 우체통으로 달려가곤 했다. 두눈 딱 감고 편지를 부치고 나면 그나마 기대 반 우려 반으로 또 가슴을 졸였던 기억이 난다.

사람의 생각이나 삶 자체는 그렇게 호락호락한 것이 아니다. 더구나 내가 살면서 느꼈던 감정을 있는 그대로 표현한다는 것이 결코 쉬운 일은 아니었다.

졸고(拙稿)를 탈고(脫稿)하고 나니 젊은 시절의 연애편지처럼 부칠 용기가 나지 않지만 그래도 진솔한 마음이기에 연애편지를 우체통에 넣는 그런 마음으로 책을 낸다. 그것이 이 소책자를 내는 변(辯)이다.

 책을 내기로 마음을 정한 후 사람은 왜 평범(平凡)한 일에 감사해야 하는지 어렴풋이 알 것 같기도 하다. 그리고 나에 대한 모든 일들이 왜 분에 넘치는 것들뿐인지 하는 것도 새삼 깨닫는다.

1999년 12월
박 정 규

나남산문선 · 56

청소하다가 …

박정규
산문집

차 례

· 증보판 서문 / 005
· 글머리에 / 007

제1부 사회와 나

청소(淸掃)하다가 깨달은 일들 · · · · · · · · · · · · · · · · 015
13 타임의 노동 · 026
직위(職位)와 인격(人格) · 030
O양의 비디오 · 033
왜 직업에 귀천이 없어야 하는가 · · · · · · · · · · · · · · 036
친절은 어디에서 나오는가 · · · · · · · · · · · · · · · · · · 041
직업(職業)과 사생활(私生活) · · · · · · · · · · · · · · · · 044
절제(節制) · 047
부처님 손바닥 안 · 053

010

혼네(本音)와 타테마에(建前) · · · · · · · · · · 055
역지사지(易之思之) · · · · · · · · · · · · · · · 058
벼슬의 나이와 자연의 나이 · · · · · · · · · · · 061
아첨은 고품스러워야 · · · · · · · · · · · · · · 063
IMF 시대의 삶의 자세 · · · · · · · · · · · · · 065
조화(調和) · · · · · · · · · · · · · · · · · · · 069
금융실명제 유감(有感) · · · · · · · · · · · · · 071
예의(禮儀)는 궁행(躬行) · · · · · · · · · · · · 075
언제든지 안면을 바꿀 수 있는 사람 · · · · · · · 077
논어(論語) 이야기 · · · · · · · · · · · · · · · 079
사촌이 논을 사면 배가 아프다 · · · · · · · · · 082
부실공사 · 085
IMF 시대와 대중교통 · · · · · · · · · · · · · 087
인사정책 · 090
상사(上司)와 부하(部下) · · · · · · · · · · · · 092
군자삼락(君子三樂) · · · · · · · · · · · · · · 095
간 휴일(肝 休日) · · · · · · · · · · · · · · · · 097
전화 예절 · 099
품위유지비 · · · · · · · · · · · · · · · · · · · 102
겸손하기 · 105
어떤 편지 · 109

차 례

인간에 대한 예의 · 112
아름다운 조화 · 115
보기(Bogey) 인생 · 118
개혁증후군 · 120

제II부 가정과 나

아내와 애인 · 127
공부가 가장 쉬웠어요 · 129
정(情)이란 · 132
잡기(雜技)를 하지 않는 이유 · · · · · · · · · · · · · · · · 134
자식 교육의 중요성 · 136
아내를 야단치지 못하는 이유 · · · · · · · · · · · · · · · 138
사랑의 매 · 140
곶감이야기 · 143
좋은 기분 좋을 때 · 145
위대한 착각 · 148
사십이(四十而) 불혹(不惑) · · · · · · · · · · · · · · · · 152
자신에게는 엄격하게, 상대방에게는 관대하게 · · · 154
황금보다 소중해야 하는 것 · · · · · · · · · · · · · · · · · 156

012

어떤 깨달음	159
헛 걱정	162
공부 일기장	165
새 구두	168
첫날밤 맹세	170
안분지족(安分知足)하려면	172
기다림	174
남의 탓	177
남의 물건 아끼기	180
'하고 싶은 일'이라는 함정	182
오해	185
등산	187
자기수준	189
더 큰 욕심	191
어머니와 아내	194
자식의 기를 살려라?	198
절약의 경제학	201
행운찾기	204
나이듦에 대하여	207

제 1 부

사회와 나

청소(淸掃)하다가 깨달은 일들

1996년 8월 초, 지인(知人)의 별장이 있는 제주에서 짧은 여름 휴가를 보내게 되었다. 아침이 되자 주인이 청소를 시작하는데 함께 잔 객(客)으로서 가만히 있기가 송구스러워 슬그머니 빗자루를 들었다. 먼저 방을 쓸고 이곳 저곳 걸레질(사실 이런 정도의 일은 초등학교 시절 많이 해보았지만)을 하자 얼마 지나지 않아 땀이 쏟아지기 시작했다. 물론 시절이 여름이기도 했지만 '야! 이것을 운동으로 삼으면 좋겠구나' 하는 생각이 들었다. 그 동안 새벽 운동을 하면서 좀더 건설적이고 생산적인 운동이 없을까 고심하던 적이 있었으므로 나는 무릎을 치면서 기뻐했다.

그리고 휴가에서 돌아온 다음날부터 '운동삼아 한다'고 자위하면서 집안 청소를 시작하게 되었다. 그 동안 청소를 하면서 메모해 두었던 자료들을 정리하고 이 글을 쓰는 시점이 1999년 3월이니 만 2년 7개월이 흐른 셈이다.

 내가 집안청소를 시작하자 처음에는 과연 이 결심이 얼마나 갈까 반신반의(半信半疑)하던 아내도 지금은 적극 나서서 여기 저기 청소할 곳을 지적할 정도로 뻔뻔스러워(?)졌다. 가장이 걸레를 챙기면 크게 위신이 상한다는 가부장적 전통의 고정관념이 극복되어 가는 증거이기도 했다.

 그 동안 새벽 고요한 시간에 일어나 약 1시간 반 가량 청소를 하면서 이것저것 전날의 일들을 반성하거나, 반면교사(反面教師)로서 느꼈던 소감을 메모하다 보니 꽤 많은 제목으로 글이 모였다.

 그러다 보니 조그만 욕심이 생겼다. 돈이 없거나 시간이 없어서 운동을 못한다는 핑계 아닌 핑계를 대는 사람들에게 좋은 운동 방법을 제시하고 싶은 생각에서 이 소책자를 낼 결심을 하게 되었다. 그런 과정에서 이 방법이 나만이 깨달은 독특한 방법이 아니라 이미 미국에서는 미스 미네소타주 출신의 전업주부(專業主婦)가 남편의 권유로 가사노동을 훌륭한 운동으로 승화시켜 비디오 테이프까지 냈다는 해외토픽을 보고는 더욱 더 용기를 얻게 되었다.

시간, 돈 절약, 일정한 운동량 확보

현대인은 옛날과는 달리 직업 자체가 운동을 겸하고 있지 못하다. 예전에는 농사일 자체가 생산의 기쁨만이 아니라 격심한 운동을 겸하고 있거니와, 육체노동을 하지 않는 직업도 교통 등이 불편하여 나들이 자체가 운동이 되었다. 그런데 현대에는 운동도 돈을 들여야 하고 또 별도의 시간을 내어 일정량의 운동시간을 확보하지 않으면 안 된다.

나는 청소를 겸한 이 운동을 시작하기 전에 아들과 새벽산책을 나갔다. 한때는 조깅을 하기도 하였으나 이리 저리 하다 보면 한 시간 정도는 별 운동량 없이 지나가는 것이 통상의 일이었다. 골프 연습장에도 나가보았으나 적지 않은 돈이 들었고, 날씨 관계로 계속할 수 없는 경우가 허다했다.

그리고 청소로 운동을 대신하기 전에는 어느 정도의 운동량이 적당한지, 어제의 운동량과 오늘의 운동량이 일정한지에 대한 의문이 끊임없이 생겼다. 그러나 청소 이후에는 특히 청소하는 부분의 가감이 있으므로 시간이 정확하게 일치하지 않았지만 청소를 끝낸 후 시간을 측정해 보면 언제나 5분 정도의 차이밖에 나지 않는 점으로 미루어보아 운동량은 거의 일정하다는 결론을 내렸다.

　수영이나 골프 등 다른 운동을 할 경우 회비뿐만 아니라 부대비용이 수월치 않게 들지만, 이 운동은 걸레와 세정액(洗淨液)만 있으면 전혀 비용이 들지 않는다는 점이 특히 좋았다. 운동은 맨손체조라도 매일 해야 한다는 것이 평소 내 생각인데 그러기 위해서는 사람, 날씨, 비용 등 주위 여건의 방해를 될 수 있는 한 받지 않아야 하는 점에서도 집안청소만한 운동은 찾기 어려울 것이다. 그리고 그것이 내 가족의 평화와 화목의 디딤돌이 될 수 있다는 점에서는 다른 무엇과도 비교할 수 없었다.

　그리고 언제나 반바지, 런닝셔츠 차림으로 사철 비슷한 온도 속에서 간편하게 운동할 수 있고, 거실에 공기청정기(空氣淸淨機)라도 설치해 두면 항상 깨끗한 공기 속에서 운동하는 것이 가능하기 때문에 갑자기 찬바람을 쐬거나 공해로 찌든 대도시에서 운동하다가 혹 올지도 모르는 질병도 예방할 수 있다고 생각한다.

전신운동(全身運動)이 가능하였다

조깅, 테니스, 골프, 수영 등 일상적으로 가능한 운동이 여러 가지 있지만 어느 것 하나 신체의 전부를 단련한다고 보기 어려운 점이 있었다. 그러나 청소를 하다보면 신체 구석구석까지 운동이 가능했다. 근육 각 부분에 대한 전문지식이 없어 구체적으로 어떤 근육을 단련하는지는 잘 알지 못하겠으나 이 운동을 하는 과정을 살펴보면 신체의 전 부위를 사용하지 않을 수 없다.

새벽잠이 깨면 우선 누운 상태에서 이 운동을 위한 준비운동을 약 10분에 걸쳐서 한다. 이는 청소운동을 효과적으로 그리고 무리하지 않게 하기 위한 필수적 과정으로 반드시 거쳐야 한다.

처음에 이 운동을 소홀히 한 채 고개를 뒤로 젖혀 천장을 닦다가 며칠 동안 목 디스크 증세로 고생한 일도 있다. 준비운동은 전신을 주무르는 것으로 시작한다. 신체의 부위 중 관절이 있겠다 싶은 곳을 여기저기, 그것이 경혈(經穴)로 불리든 아니든 집착하지 않고 무심(無心)의 상태에서 주무르는 것으로 시작한다.

그리고 난 후 거실로 나와 양말을 신고 우선 여기 저기에 흩어져 있는 가벼운 물건부터 치우고 의자 등 좀 무거운 것은 식탁 위로 올리거나 창고 방으로 옮긴다. 옮기는 과정에서 일부러 몸을 비틀든지 해서 신체에 골고루 힘이 가해지도록 한다. 그 다음에는 진공청소기를 들고 신체의 균형을 유지하면서 안방만 제외하고 거실, 부엌, 딸 방, 아들 방 순서로 먼지를 빨아들인다.

  그 다음에는 걸레질의 순서인데 일정한 습도를 유지하기 위하여 청소 도중 스프레이로 물을 뿌려가며 계속해서 걸레를 적셔주면서 팔 운동도 겸하고 오른팔, 왼팔을 골고루 사용하기 위하여 걸레질 도중에 의식적으로 노력한다. 이렇게 하고 나면 어느덧 이마에는 땀이 송글송글 맺히고 전신운동이 된 느낌을 받게 되는 것이다. 이런 식으로 청소를 마치고 나면 출근 전에만 약 삼천 보를 걷게 되고, 걸음뿐만 아니라 아령이나 스트레칭 운동을 한 효과도 느낄 수 있는 것이다.

집 전체를 항상 깨끗한 상태로 유지할 수 있다

청소를 계속하다 보면 매일 해야 할 부분이 있는가 하면 일 년에 한 번 해도 깨끗함을 그대로 유지할 수 있는 곳이 있다. 그래서 시작 후 약 3개월에 걸쳐 청소를 하면서 매일 해야 할 곳, 이틀에 한 번으로 족한 곳, 일 주일에 한 번이 적당한 곳, 한 달에 한 번으로도 상관없는 곳, 3개월, 6개월, 1년에 각 한 번으로 족한 곳을 메모해 나갔다.

예컨대 진공청소와 싱크대, 특히 가스렌지는 매일 청소하였고, 걸레질은 처음에는 매일 하다가 이틀에 한 번으로 하되 먼지가 가장 앉기 쉬운 거실 쪽에 있는 텔레비전 등 가구의 청소와 번갈아 하기로 했고, 찬장 안쪽과 싱크대의 묵은 때는 일 주일에 한 번, 목욕실의 변기나 그 주위는 두 군데이므로 일주일에 하나씩 2주에 한 번이면 제법 청결을 유지할 수 있었다.

다용도실이나 각 방의 창문 유리나 틀, 소파 뒤쪽은 1개월에 한 번, 식탁 위 조명등은 3개월에 한 번, 거실의 전등갓, 옷장 위 등은 6개월에 한 번씩 물걸레로 닦는 등, 연초(年初)에 구한 다이어리에 1년의 계획을 미리 짜서 메모를 해두고 그날그날 확인을 하면 놓치지 않고 청소가 가능하다.

정신건강에도 좋다

전문가가 아니라 잘은 모르겠지만 스트레스를 해소하는 방법 중

청소하다가 깨달은 일들

매일매일 작은 일이지만 성취 가능한 목표를 정해두고 이를 실천함이 좋다는 것을 어디에선가 읽은 기억이 나는데, 막상 경험해 보니 그 말이 틀리지는 않는 것 같다.

내가 어릴 때 우리집은 대농(大農)이었다. 어머님께서는 농사를 지으면서 제일 기분 좋은 때는 추수를 할 때나 추수한 곡식으로 환전(換錢)을 했을 때도 아니고, 누렇게 익은 벼가 끊임없이 펼쳐진 들판을 바라보는 때라고 말씀하셨다. 나도 어머니처럼 청소를 끝낸 후 잘 치워진 집안을 한 바퀴 쭉 돌아보는 버릇이 생겼고, 그때의 그 상쾌한 기분은 이루 말로 표현할 수 없다.

단순하게 보이는 일도 오래 하다 보면
요령이 생긴다

먼저 진공청소를 하기 전에 먼지가 아닌 큰 쓰레기는 손으로 주워 쓰레기통에 담는다. 그래야 필터를 절약할 수 있다. 또 걸레질을 하면서 스프레이로 청소 중간 중간에 걸레에 물을 뿌리는 것도 경험에서 얻은 것이다. 얼굴을 비추어 봐야 하는 거울을 닦을 때는 물걸레로 먼저 닦은 뒤 마른 걸레로 물기를 없애지 않으면 물걸레질한 얼룩이 그대로 남는다. 매일 하다 보면 구석구석에 어떤 홈이 있는지를 알기 때문에 전날 생긴 때자국인지 원래 있던 홈인지를 금방 알게 되어 청소를 처음 시작했을 때처럼 홈을 때로 알고 빡빡 미는 우(愚)는 범하지 않게 된다.

걸레로도 지워지지 않는 묵은 때는 칼이나 세정액을 사용하거나 미리 스프레이로 물을 뿌린 후 지우면 된다. 찬장 손잡이 같은 곳은 여자들의 매니큐어 때문에 자연 흠집이 집중되기 마련인데, 그것은 물걸레로는 지워지지 않기 때문에 솜 등에 아세톤을 묻혀서 지우면 잘 지워진다.

새삼스러운 것은 아니지만 고인 물은 반드시 썩고 구르는 돌에는 이끼가 끼지 않듯이, 청소의 손길이 닿지 않는 곳은 그곳이 천장일지라도 더러워지기 마련이다. 미세한 먼저는 그냥 가라앉기도 하지만 날아다니다가 아무 데나 붙어서 그 부분을 더럽히기도 하기 때문이다.

청소를 오래 하다 보니 눈에 보이지 않는 이런 곳을 찾는 안목이 생기고, 그러다 보면 청소하지 못한 곳을 발견하게 되고, 새로운 곳을 추가하게 되기도 하고, 아내의 요청을 받아들여 청소해주기도 한다. 그런데 거실 바닥에 나 있는 흠집도 매일 대하다 보면 원래 그곳에 있어야 될 것인 양 전체와 조화를 이루고 있는 듯 착각이 들기도 한다.

　이런 일은 아내를 위하는 마음에서라거나 생활비를 절약하기 위해서라거나 하는 이른바 이득(利得)만으로는 계속할 수 없는 것이고, 순전히 그 일 자체에서 즐거움을 찾지 않으면 아마도 얼마 가지 않아서 싫증을 느껴 그만 두게 될 것이다.

　그리고 그 사람의 생활리듬과도 일치해야 할 것이다. 나는 저녁에 일찍 잠자리에 들어 보통 4시 10분 전쯤 기상하는 것을 원칙으로 하는데 만약 저녁 늦게까지 일을 해야 하는 타입의 생활리듬을 가지고 있는 사람은 또 다른 방법을 찾아야 할 것이다.

　청소하다 보면 아내의 가사 일에 대한 부담을 어느 정도 이해하게 되고, 조리대를 보면 어제는 아내가 아이들과 무엇을 만들어 먹었구나, 또는 그렇지 않고 적당히 간식이나 외식을 하였구나 짐작하게 된다.

　무엇보다도 낮동안에 컴퓨터에 매달려 공부를 하지 않는 아들의 새벽잠을 깨우는 데는 청소만큼 좋은 것이 없다. 진공청소기의 시끄러운 소리에 아들놈은 꼼짝 못하고 어김없이 일어나 책상머리에 앉는다. 다행히 우리집은 아파트 1층이라 새벽청소가 가능했다.

 그런데 지하실에서 내가 청소하는 소리가 들리는지 하루는 아파트 경비가 아내에게 '애기 엄마가 새벽부터 어쩌면 그렇게 부지런한지 모르겠다'는 이야기를 했다는 말을 듣고 애매한 웃음을 지은 일이 있다.

 당연한 이야기겠지만 청소는 나 혼자 하는 것이 아니다. 가정일에 전적으로 매달리는 아내와 큰 말썽 없이 커나가는 아이들, 그리고 직장이 있기에 가능한 일이다. 자신이 좋아서 하는 일, 그것을 가지고 엉뚱하게 생색내거나 아내의 일에 잔소리로 간섭하면 이 또한 경계하여야 할 일이다.

B타입의 노동

일본의 어느 월간지에 "B타입의 노동"이라는 제목으로 글이 실려 있었다. 일본인으로 뉴질랜드에서 교수생활을 하고 있는 분이 기고(寄稿)한 글인데, 그 내용은 대충 이러했다.

뉴질랜드에서 그 교수가 살고 있는 집의 앞집에 직장생활을 하는 사람이 있었는데 오후 3시쯤이면 집으로 퇴근하여 가족들과 함께 목수일을 한다는 것이다. 그런데 처음에는 별로 크지 않던 집이 날이 지날수록 점점 달라지더니 마침내 제법 번듯한 2층집이 되더라는 것이다.

교수가 생각하기에는 뉴질랜드라는 나라가 생산성이 별로 높지 않고 계수상 다른 선진국에 비해 GNP(국민총생산액)도 높지 않음에도 불구하고 유족(裕足)하게 사는 이유를 알지 못했는데 예(例)의 목수일처럼 국민총생산액의 계산에는 포함되지 않으나 생활의 질을 향상시키는 노동이 많기 때문이 아닌가 한다는 요지였다.

즉, 집주인의 노동은 주로 가사일로 국민총생산 등의 경제 데이터에는 들어가지 않지만 직장에서 돌아와서 하는 노동 덕분에 그들의 생활수준은 확실히 상승한다는 것이다. 다시 말해 국민총생산의 경제데이터에 포함되는 노동을 'A타입의 노동'이라고 한다면 그렇지 않은 노동은 'B타입의 노동'이라는 것이다.

그러고 보니 요즘 시골에서는 과수원 등 특용작물을 재배하는 농가에 옛날에는 예외 없이 있던 채마밭이 보기 어려워졌다. 이제는 과수해서 번 돈으로 채소를 사먹기 때문이라고 한다. 조금만 부지런을 떨면 시골 같은 데서는 따로 채마밭을 마련해서 얼마든지 절약할 수 있음에도 불구하고 너무 쉽게 살아가려는 것이 아닌가 하는 생각이 든다.

전 국민이 모두 집에서 손수 콩나물을 키워 먹거나 채마밭을 두고 운동삼아서라도 가꿀 일이다. 그것이 국민경제에 어떤 영향을 주는지 경제학자가 아니라서 나는 잘 모르겠으나, 가계에 보탬이 되는 것이라면 국민경제를 위하여, 또 농약을 치지 않은 순수 농산물이므로 나쁠 것은 없으리라 본다.

B타입의 노동

나는 매일 아침 운동을 겸한 청소를 하면서 그리고 자녀들을 가르치면서 위와 같은 'B타입의 노동'을 생각한다. 일요일을 제외한 평일에는 아침에 약 1시간 반에 걸쳐서 안방만을 제외한 거의 모든 집안 구석구석을 청소하고 토요일 오후나 일요일에는 아파트 외창(外窓)이나 집안에 묵은 때가 있을 만한 곳을 찾아 청소하는 버릇이 있고, 아침이면 중학교 다니는 아들놈에게 아직은 공부하면서 가르칠 수 있는 영어나 수학을 약 2시간에 걸쳐 가르친다.

아마 그 가치를 다른 사람을 통해서, 즉 'A타입의 노동'으로 한다면 한 달에 줄잡아 200만 원 이상은 되지 않을까 대충 계산해 본 적이 있다. 그만한 돈이 벌리는 것은 아니지만 그만한 서비스를 받기 위해서는 분명히 들어가는 투자가 있으므로 그만큼 생활은 윤택해지는 것이라고 생각된다.

우스개 소리로 아내에게 나는 그만큼 내가 절약해 주었으니까 당신은 공무원의 아내지만 압구정동에서 옷 한 벌쯤은 사 입어도 되지 않겠느냐고 말한다. 그러나 그렇게 함으로써 올 수 있는 부정적 효과도 염두에 두고 있지 않은 바는 아니다. 그것은 다름아니라 혹시 그런 일들 때문에 정작 무정량(無定量)의 열정을 기울여야 할 공무에 소홀하지 않을까 하는 점이다. 그래서 나름대로는 밤늦게 술을 마시거나 기타 잡기에 시간을 허비하는 시간을 최대한 줄이려고 애썼다. 그렇더라도 가정을 도울 시간이 있으면 그 시간에 국가를 위하여 무언가 더 생각해야 한다고 힐책한다면 할 말이 없다.

B 타입의 노동

직위(職位)와 인격(人格)

선생님이란 한자로 先生, 즉 먼저 살았던 분이란 뜻이다. 오래 전부터 어른을 공경하는 관습을 지니고 있는 우리나라는 먼저 인생을 산 사람을 선생님이라고 부르며 존경해 왔다. 오죽하면 군사부일체(君師父一體)라고 해서 임금과 스승과 아버지의 은혜는 모두 다 같다 라고 했을까. 또 선생님의 그림자는 밟지도 않는다고 존경해 왔다.

   초등학교 시절, 내게 있어 선생님이란 존재는 대단한 것이었다. 선생님은 대통령도 시험으로 뽑는다면 무조건 합격할 수 있고, 범인(凡人)처럼 화장실에도 가지 않을 것 같은, 어느 먼 별나라쯤에서 온 사람으로 특별하게 생각했다. 그러나 세월이 흘러 머리가 크고, 그때의 선생님보다 더 나이가 들어 못된 짓도 서슴지 않고 해볼 때가 되자 선생님도 나와 같은 사람이며, 그렇게 대단하지 않다는 것을 알게 된다. 이제는 유진오 선생의 〈창랑정기〉에 나오는 앳된 소년이 속된 어른이 되어가는 것이다.

 초등학교 때의 착각처럼 지위에는 그것에 걸맞은 인격이 당연히 따르게 되는 것일까? 일반적으로 사람들은 직급이 높아지면 부하직원들에게 거드름을 피우기 십상이다. 직무상 자신의 가르침을 받는 사람이나 명령을 받는 사람에 대하여 자신의 높은 직급만큼이나 인격적으로도 높아진 것으로 착각하기 쉽다는 이야기다. 그래서 업무는 물론이고 업무 이외의 분야에 대해서도 매사 위에 있다는 착각을 하기가 쉽다. 일이 이쯤 되면 부하직원들은 마음으로부터 상사를 존경하기가 힘들게 된다.

 오랜 경험으로 느끼는 것이지만 직위와 인격은 나이가 들어감에 따라 올라가고 성숙되는 것이 대체로 맞지만 그렇지 않은 경우도 많이 보게 된다. 경우에 따라서는 부하직원이 더 인격적으로 성숙된 사람일 수도 있다는 것을 항상 염두에 두고 이들을 대해야 하고, 또 사실 부하직원이 업무상 더 많이 아는 경우도 흔히 있는 일이므로 그들로부터 배운다는 자세 또한 필요하다.

 그런 마음가짐으로 부하직원을 대할 때 진정으로 화합하는 직장분위기가 형성될 것이다. 저두굴신(低頭屈身)하는 마음은 항상 필요한 최소한의 덕목(德目)이다. 이 골짜기 저 골짜기의 물을 담아내야 하는 저수지가 산 위에 있는 것이 아니고 낮은 곳에 있어야하듯이, 덕은 항상 겸손에서 나온다고 누가 말하지 않았는가?

겸손과 조화를 생각하면서 대학은사이기도 한 〈지조론〉(志操論)을 쓰신 조지훈 선생님이 유려하게 번역하여 인생의 지침으로 삼게 한 홍자성(洪自誠)의 〈채근담〉(菜根譚)에 나오는 경구가 생각나 여기에 옮겨 싣는다.

낮은 데 살아야 높은 곳 오르기가 위태한 줄 알 것이요, 어두운 데 있은 후에 밝은 곳 향함이 눈부심을 알 것이며, 고요함을 지켜보아야 움직임 좋아함이 부질없음을 알 것이요, 말없음을 닦아 보아야 말많음이 시끄러운 줄 알 것이다.

O양의 비디오

김영삼(金泳三) 전 대통령의 차남인 현철 씨와 가깝게 지내던 비뇨기과 의사 박모 씨가 자신의 진료실에서 환자들의 진료하는 모습뿐만 아니라 전화 통화내용까지 녹음한 사실이 화제에 올랐던 일이 있었다.

우리 헌법 제18조는 통신의 비밀을 침해받지 아니한다고 선언하고 있고 형벌과 통신비밀보호법 등에서 그 침해행위를 처벌하고 있다.

그렇다면 왜 통신의 비밀을 보호하는 것일까? 어떻게 보면 통신 등 사생활의 비밀은 노출됨으로써 사람들이 부정, 음험한 행동이나 전화로 남을 괴롭히는 일들을 자제할 것 같은데 오히려 법은 왜 그런 것을 보호해주는 것일까? 금융실명제처럼 말이다. 물론 여기에는 학자들 나름으로 그럴 듯한 현학적 근거가 없는 것은 아니다.

  치우치고 국한된 이야기인지는 모르겠으나 사람은 자신의 모든 언동이 노출되었을 때 아마 예수나 부처도 배겨나지 못할 것이다. 군자(君子)란 남이 볼 때나 보지 않을 때나 행동이 여일한 사람이라고 한다. 그러나 평범한 우리들은 나체욕이 몸에 좋다고 혼자 새벽에 일어나 어슬렁거릴 수도 있다. 술 취한 기분에 비틀거리면서 집안 화장실에 들어가 건들건들하면서 볼 일을 볼 수도 있는 일 아닌가? 이것은 물론 점잖은 것들만 모은 것이다. 자식을 생산하자면 마누라와 벌거벗고 사랑도 나누어야 한다. 그런데 그런 것들조차 피사체화되었을 때에는 영 스타일을 구길 수밖에 없다.

  정확한 내용은 아직 모르지만 탤런트 O양이 별다른 생각 없이 그녀의 남자 애인이 찍은 나체 비디오 때문에 치른 곤욕을 생각하면 알 일이 아닌가 싶다. 그런 정도 일로 피사체가 되었을 때 살아남을 어른이 몇 사람이나 될지? 오죽하면 퇴계 이황 선생도 낮 퇴계와 밤 퇴계가 있다는 소리를 할까?

  수사기관의 입장에서 바라보면 통신의 자유를 침해하는 등 정도(正道)를 걷지 않고 수집한 증거라도 이를 모두 수사의 단서 내지 입증자료로 사용할 수 있다면 얼마나 좋겠는가. 그러나 그것을 자제하고 금하고 심지어 비난, 처벌까지 하는 것은 수사의 목적이라는 가까운 이익보다는 보호해야 할 더 큰 목적이 있기 때문이 아니겠는가.

그럼에도 우리 사회는 명백히 통신의 자유를 침해하여 알게 된 사실이라도 그 사실 내용에만 더 큰 가치를 두고 이를 근거로 타인을 비난하고 정작 더 큰 비난의 대상인 통신비밀이나 사생활 침해에 대하여는 무관심하거나 관대한 것은 아닌가 하는 생각이 들 때가 많다.

하기야 꼭 죽이고 싶은 놈은 무슨 수로도 죽이고 싶은 것이 일시적인 기분일 수도 있겠으나, 그것은 더 큰 화(禍)가 되어 내게 되돌아온다는 것을 알아야 할 것이다. 특히 언론을 통한 명예훼손의 경우도 여기에서는 예외가 될 수 없음은 물론이다.

왜 직업에 귀천이 없어야 하는가

이 지구상에는 얼마만큼의 많은 직업이 존재하는 것일까? 어느 신문에서 보니 직업의 종류가 5만가지 정도가 된다고 한다. 정보사회의 진입으로 전통적인 직업의 세분화만이 아니라 전혀 새롭게 등장하는 직업도 다종다기(多種多岐)해지고 있다. 미국에는 하루종일 접시만 깨뜨리는 직업이 있고, 외로운 노인들의 말동무가 되어주는 직업, 우체국에서 혀로 우표를 붙이는 직업도 있단다. 하루 내내 여자들의 발톱을 다듬는 직업, 심지어 직업의 종류를 파악하는 직업까지 치면 그 종류는 이루 헤아릴 수 없을 것 같다.

우리는 흔히 직업에는 귀천이 없다는 말을 한다. 옳은 말이다. 그런데도 이 세상에는 인기(人氣)있는 직업이 엄연히 존재한다. 누구나 편하고 남이 인정해 줄 뿐만 아니라 돈도 많이 생기는 직업을 원할 것 같은데 한편으로는 그렇지 않은 경우도 가끔은 본다.

나는 직업에 귀천이 없다는 말을, 스스로는 자기의 직업에 보람과 긍지를 가져야 함은 물론 타인의 직업에 대하여 그 가치를 인정해야 한다는 데서 그 본뜻을 찾고 싶다. 우선 스스로 자신의 직업에 긍지를 갖지 못하고 마지못해 직업에 종사할 경우 본인은 물론이려니와 더 나아가 국가 경제적으로도 얼마나 부정적 영향을 미치겠는가.

우리는 흔히 음식점에서 종업원들의 불친절을 경험하게 된다. 그들은 사뭇 자신이 지금은 목구멍이 포도청이라 이 짓을 하고 있으나 두고 보자는 투로 서비스를 한다. 손님들은 그에 관해 아무것도 모르고 또한 알려고도 하지 않는데, 스스로 설정한 기대치에 못미치는 열등의식을 강요하기 때문에 그렇게도 불편해 보이는지도 모른다.

어떤 연유로 뛰어들었든, 그리고 그 직업에 투신하는 것이 일시적이든 평생의 업으로 생각하는 것이든, 또 그것이 단순노동으로 보이든 간에 열심히 성의를 다해야 함에도 불구하고 말이다. 비유가 적절한지 모르겠으나 '거지왕자'라는 우화가 생각난다. 나중에 왕자의 신분을 되찾기는 하지만 어쩔 수 없이 거지노릇을 하게 되는 우리의 주인공은 위장된 '왕자스런 거지'가 아니라 열심히 직업으로서의 거지 세계를 헤쳐나간다. 이 생활에서도 사람들이 모여사는 질서가 있음을 배우고, 살아남기 위한 예의와 부지런함과 삶의 의미를 부여하기도 한다. 이제는 존경받는(?) '거지의 왕자'가 된다. 왕자로 다시 돌아가는 거지왕자의 모습은 어떠했을까? 지금 내가 하는 일은 거지왕자의 그것일 수 있다고 마음 한구석에 스스로 여유를 가질 수는 없을까?

사실 단순노동이야말로 그 기술 및 그 성의에 따라서 하늘과 땅만큼의 서비스 질의 차이가 날 수 있다. 자신이 아니고는 이렇게 잘할 수 없다는 자부심으로 그 일에 임해야 할 것이다. 아무리 단순노동이라도 그것이 다소 자신이 생각하는 능력과 재주에 미치지 못하는 일이라고 소홀히 하는 사람이라면 다른 어떤 일을 맡아도 열심히 성의 있는 자세를 보이기 어려울 것이다.

나는 어려서 일본으로 건너가 바둑 한 가지에만 몰두하고 정상적인 교육과정을 거치지 않은 것으로 알려진 조치훈 씨의 언행이나 글들을 유심히 살펴보면서 어쩌면 오로지 면벽(面壁)하면서 하나의 화두(話頭)에만 몰두한 노스님의 깨달음 같은 것을 느낄 수 있었다. 지어낸 말이 아닌 자신이 하는 일에 성의를 갖고 몰두한 나머지 하나의 일에서 인생 전부를 깨달은 것 같음을 느낄 수 있었다는 말이다. '정상에서 만납시다' 라거나 '일류는 일류와 통한다' 라는 말처럼 한 분야에서 정상에 오른 사람은 그것이 속세의 어떤 잣대로는 잴 수 없는 자신의 인간적 욕망을 희생하며 이룬 것이므로 값어치가 있는 것이다.

중국음식점 배달원으로서 공전(空前)의 서비스를 통해 성공한 케이스도 우리에게 시사하는 바가 많다. 한때는 대기업에서 그를 초청해서 신선한 마케팅 기법의 강의를 듣기도 했다. 단순노동같이 보이는 것이지만 창의력 여하에 따라 엄청난 질적 차이를 보일 수 있다는 것을 거기에서 확인하게 된다.

자신의 직업이 다른 사람이 인정해 주지 않는 것이기 때문에 부끄러울 수 있는 것이 사람의 마음일 수 있겠으나 진정으로 자중자애(自重自愛)하는 사람이라면 일로 매진하여 혹 비웃을 수도 있는 사람을 오히려 부끄럽게 만들고, 아니 그런 느낌조차 가지지 않을 정도로 득도(得道)를 해봄이 어떨까?

나는 새벽이면 큰 아이를 가르치면서 공부만이 먹고사는 길은 아니며 공부가 하기 싫으면 하고 싶은 다른 일을 하라고 한다. 자신의 선택의지를 존중하고 싶어서이다. 그러나 그냥 노는 것은 절대 안 된다고, 그리고 사회에 도움이 되는 일이면 무엇을 해도 좋으나 부지런하지 않으면 정말 이 세상에서 입에 풀칠하기 어렵다고 협박(?) 아닌 협박을 한다. 그리고 마지막으로 그래도 너처럼 부모재산이 없는 경우에는 공부해서 먹고사는 것이 그런 대로 편할 것이라는 말 한마디 덧붙이는 것은 빼지 않는다.

친절은 어디에서 나오는가

어느 직장이나 친절을 강조하지 않는 곳은 없다. 그러나 불행하게도 마음으로부터 우러나오는 친절을 느낄 수 있는 곳은 그리 흔하지 않다. 그것은 조금이라도 힘이 있어 보이는 곳에서는 더욱 그러하다. 경쟁이 없는 곳에서의 불친절은 오히려 당연시되기도 한다. 아니 오히려 불친절을 힘의 과시(誇示) 정도로 생각하기도 한다. 가는 말이 거칠어야 오는 말이 곱다는 역설인가.

 사람이 살아가는 세상에서 우리는 왜 남에게 친절해야만 하는가 하는 물음이 들 때가 있다. 과연 친절은 어디에서 나오는 것일까? 결국은 자신이 귀한 만큼 상대방도 귀중한 존재이기 때문이고, 상대방의 귀중함을 인정하는 데서 친절은 출발한다고 생각한다. 상대방을 소홀히 대하지 않는 자세, 상대방의 입장을 이해하려는 곳에서 친절은 나오는 것이다.

우리가 쉽게 접하는 말단행정기관으로 동사무소가 있다. 가장 흔한 민원(民願)인 주민등록등본을 발부받으러 갔을 때 물론 발부절차에 관하여는 안내문이 있겠으나 자주 있는 일이 아니기 때문에 민원인(民願人)으로서는 어떻게 돌아가는지 모르는 경우가 많다. 이때 신청을 접수한 공무원이 통상 어느 정도의 시간이 걸리니까 그 동안 바쁜 볼 일이 있으면 보고 오라든지, 자리를 안내하면서 잠깐 기다려 달라든지 하면 민원인으로서는 막연한 불안감이 금세 사그라질 것이다.

황차(況且) 그것이 이른바 권력기관이라면 더더욱 그러하다. 혹 권력기관의 위세를 이용하여 별 것 아닌 것(나도 검찰에 근무를 하지만 안에 근무하다 보면 그곳에 근무하는 사람에게는 통상적인 별 것 아닌 일들이 대종을 이루는 곳이기도 하다)을 별것인 양 호도(糊塗)하면서 불안하게 하는 것이야말로 가장 금기시해야 할 것이다.

병원은 더더욱 그러하다. 가볍게는 통증과, 무겁게는 목숨과 이어지는 곳이 병원이다. 이 환자들의 마음을 헤아려 궁금증을 덜어주는 것이 친절이지 불안한 심리상태를 이용하는 것은 천하에 못된 놈의 짓이다. 좀더 배웠다고, 남이 모르는 분야, 이른바 전문직에 종사하고 있는 것을 기화로 불공정 게임을 하려고 하는 것은 무엇보다도 친절에 반(反)하는 것이다.

친절은 자신이 대접받고자 하는 대로 상대방을 귀하게 대접하는 것에서 출발하는 아주 간단한 것이어야 한다.

최근에 우리는 고속도로의 깨끗해진 화장실과 함께 요금정산소(톨게이트) 직원의 친절을 경험하면서 "우리도 하면 할 수 있구나"라는 친절의 생활화를 경험하는 일이 이를 웅변으로 증명하고 있다.

직업(職業)과 사생활(私生活)

얼마 전에 어느 신문의 창간기념호에서 외국언론사의 유명한 노(老)기자가 쓴 글을 읽은 적이 있다. "유능한 기자가 되려면 집안을 청소하고 설거지를 거들어주는 따위의 일을 하여서는 안 된다"고 하는 내용이었다. 아마도 기자로서 유능하다는 소리를 듣기 위해서는 사생활 따위는 접어두고 일로(一路) 자신의 직업적인 일에만 매달리라는 취지일 것이다.

평검사 시절, 특수부 부장으로 오신 선배님이 나의 체질(?)을 전혀 고려하지 않은 채 특수부 검사를 해보겠느냐고 권한 일이 있었다. 그때 나는 그 선배에게 식사도 제때 해야 하고 아침에도 꼭 제시간에 일어나는 습관이 몸에 배어 있어 규칙적인 생활을 하지 않으면 안되기 때문에 할 수 없다고 우회적으로 거절한 적이 있다.

하루에 24시간을 일해도 규칙적이면 하겠는데 특수부의 일이라는 것이 사건이 없을 때는 전혀 미동도 하지 않다가(물론 항상 준비는 하고 있지만) 일할 때는 몇 날 며칠을 밤샘해야 한다. 말은 그렇게 둘러댔으나 정확하게 말하면 사생활의 범위를 일정하게나마 유지하겠다는 심사였다. 다른 한편으로 검찰은 특수부 일이 아니라도 보람있게 일할 것이 많은 곳이기도 하다.

그때나 지금이나 나는 직업이 있으면 먹고사는 방편인 그 직업에만 매달려야 하는 것이 올바르다고 생각한다. 그러나 짬짬이 개인적인 일이나 이른바 자기발전을 위하여, 분명하게 구분되는 것은 아니지만, 직장에서의 시간을 쪼개 써도 되는 것인지에 관해 항상 고민하고 회의하고 부끄럽게 생각하는 편이다.

경제학에 비교생산비설(比較生産費說)이라는 것이 있다. 예컨대 대학교수가 여직원보다 타자 실력이 뛰어나다고 해도 타자 칠 시간에 고유의 연구업무에 몰두하고, 타자는 인건비를 따로 주더라도 여직원을 채용하여 시키는 것이 경제적으로 더 바람직하다는 요지인 것으로 알고 있다. 복잡한 집안일은 파출부에게 맡기고 검사로서의 일, 기자로서의 일에 좀더 몰두하는 것이 더 바람직한 일일지도 모른다.

그러나 짬짬이 청소하는 일 따위로 운동도 겸해서 가족들을 위한 시간을 갖는 것이, 그래서 가족들의 격려를 업고 일하는 것이 고유업무의 능률 제고를 위해서 바람직한 측면도 있지 않을까 하고 자위하거나 마음의 위안으로 삼는다.

　가족과의 화목이 없으면 직장에서의 성취도 계속되지 않거나, 결국에는 모든 것을 잃게 되는 경우를 우리는 종종 보아왔기 때문이다.

절제(節制)

흔히들 절제의 미덕(美德)을 이야기한다. 절제(節制)는 영어로는 'temperance'로 표기한다. 절제는 그저 욕심을 줄이고 삼가하는 것쯤으로 이해하고 있었는데 영어사전에는 중용(中庸)이라고도 번역되어 있어 새삼스러웠다. 중용의 사전적 의미는 '치우침이나 과부족이 없이 떳떳하며 알맞은 상태나 정도'로 이해되고 있다.

절주(節酒)로도 해석되어 술과 관련된 것도 흥미롭다. 아마도 인간의 오욕칠정(五慾七情)을 삼간다는 것이 어렵기 때문에 그와 관련하여 술과의 연관성을 떠올렸는지도 모른다.

술은 참 묘한 것이라는 생각이 든다. 나의 경우는 혼자서 술을 마시는 법이 없다. 오래 전에 박종화 선생이 저술한 《양녕(讓寧)대군 일대기》에서 읽은 것으로 기억나는데 술과 관련하여 '일고

(一苦), 이단(二單), 삼품(三品)'이라는 것이 있다고 한다. 이를 풀이하면 한 사람 입(口)이면 괴롭고(苦), 두 사람 입이면 단조롭고(單), 적어도 세 사람 입쯤 되어야 품위(品)가 우러난다는 뜻이다.

 나는 술을 혼자 마시지 않는다. 그래서 혼자 술을 마실 때의 기분을 잘 알지 못한다. 그러나 괴로운 나머지 혼자서 마시거나 그렇지 않더라도 술기운을 빌리려는 등 술에 의존하려는 동기쯤은 있어야 될 것으로 생각한다. 술은 상대가 있어야 품위 있는 것이라면 술좌석에서 술을 맛있게 마시는 것이야말로 희생과 봉사정신이 없으면 안 된다는 말도 맞는 말인지 모르겠다. 술 그 자체가 좋다면 혼자 마셔야지 분위기를 맞추기 위하여 마실 필요는 없지 않을까.

 술 이야기가 나오면, 이미 우리들에게는 고전이 되어버린 다음과 같은 지훈(芝薰) 선생님의 '주도유단'(酒道有段)을 잊을 수가 없다.

 주도에서 엄연히 단(段)이 있다는 말이다.
 첫째, 술을 마신 연륜이 문제요, 둘째, 같이 마신 친구가 문제요, 셋째는 마신 기회가 문제며, 넷째, 술을 마신 동기, 다섯째,

술버릇, 이런 것을 종합해 보면 그 단의 높이가 어떤 것인가를 알 수 있다.

음주(飮酒)에는 무릇 열여덟의 계단이 있다.

① 부주(不酒): 술을 아주 못 먹진 않으나 안 먹는 사람.

② 외주(畏酒): 술을 마시긴 마시나 겁내는 사람.

③ 민주(憫酒): 마실 줄도 알고 겁내지고 않으나 취하는 것을 민망하게 여기는 사람

④ 은주(隱酒): 마실 줄도 알고 겁내지도 않고 취할 줄도 알지만 돈이 아쉬워서 혼자 숨어 마시는 사람.

⑤ 상주(商酒): 마실 줄 알고 좋아도 하면서 무슨 잇속이 있을 때만 술을 내는 사람.

⑥ 색주(色酒): 성생활을 위하여 술을 마시는 사람.

⑦ 수주(睡酒): 잠이 안 와서 술을 마시는 사람.

⑧ 반주(飯酒): 밥맛을 돕기 위해서 마시는 사람.

⑨ 학주(學酒): 술의 진경을 배우는 사람 - 주졸(酒卒)

⑩ 애주(愛酒): 술의 취미를 맛보는 사람 - 주도(酒徒)

⑪ 기주(嗜酒): 술의 진미에 반한 사람 - 주객(酒客)

⑫ 탐주(耽酒) : 술의 진경에 반한 사람 - 주호(酒豪)
⑬ 폭주(暴酒) : 주도를 수련하는 사람 - 주광(酒狂)
⑭ 장주(長酒) : 주도 삼매에 든 사람 - 주선(酒仙)
⑮ 석주(惜酒) : 술을 아끼고 인정을 아끼는 사람 - 주현(酒賢)
⑯ 낙주(樂酒) : 마셔도 그만 안 마셔도 그만, 술과 더불어 유유자적하는 사람 - 주성(酒聖)
⑰ 관주(觀酒) : 술을 보고 즐거워하되 이미 마실 수 없는 사람 - 주종(酒宗)
⑱ 폐주(廢酒) : 술로 말미암아 다른 술 세상으로 떠나게 된 사람 - 열반주(涅槃酒)

…술 좋아하는 사람 치고 악인이 없다는 것은 그만큼 술꾼이란 만사에 악착같이 달라붙지 않고 흔들거리기 때문이요, 그 때문에 모든 일에 야무지지 못하다. 음주유단(飮酒有段)! 고단도 많지만 학주(學酒)의 경(境)이 최고 경지라고 보는 나의 졸견은 내가 아직 세속의 망념을 다 씻어버리지 못한 탓이다.…

이야기가 주제와 빗나갔지만 술이란 마시면 취하고 취하면 더 마시게 되는 것쯤으로 인식되고 있는 것은 틀림없다. 내 경험으로는 육체적으로 괴로운 것 중에서 최고로 치는 것이 과음을 하고 난 다음날 속이 다스려지지 않을 때다. 비교적 젊어서부터 과음을 경험했기 때문에 그러한 괴로움이 쌓이다 보니 이제는 웬만한 술좌석이든 양을 조절할 수 있게 되었다. 가령 어느 정도의 술이면 다음날 물 한 모금 입에 넣지 못할 정도로 괴롭고, 어느 정도의 술은 다음 날 깨지 않겠지만 해장국은 먹을 수 있다든지, 또 어느 정도면 술도 깰 뿐 아니라 전날 술자리가 좋았다, 유익했다는 것을 알 정도라고 양(量)을 측정할 수 있게 되었다.

  그래서 웬만한 술자리에서는 최악의 상태까지는 가지 않는 도(道)를 터득하게 되었다. 물론 상사가 있어 피치 못하게 성의(誠意)를 다해 마실 때가 있어 일 년에 한두 번쯤은 도를 넘길 때도 있으나 대개의 경우 통상 기침(起寢)시간인 새벽 4시 전후로는 깰 정도로 즐긴다. 그 정도 경지(?)에 이르려면 전제조건이 술자리의 분위기를 깨지 않을 정도로 성의 있게 마실 수 있는 주량이 필요하다. 그것이 지켜졌을 때 나는 다음날 최선의 절제(節制)로 분위기도 살리고 내 몸도 지켰다는 뿌듯함을 가지고 새벽기상을 하는 것이다. 그러기 위해서는 술 분위기 파악을 잘해야함은 물론

절제

이른바 2차를 가지 않는 것이 전제가 되어야 한다. 경험상 대부분의 2차는 몸과 돈을 동시에 망치고, 전혀 남는 것이 없으며, 원망만 돌아온다.

　비단 절제에서 오는 기쁨이 어디 술에서만이겠는가. 어른, 청소년을 가릴 것 없이 무절제에 따르는 정신건강의 파탄이야말로 우리가 가장 경계하여야 할 행동이 아니겠는가.

부처님 손바닥 안

사람은 왜 겸손해야 하는가? 일일삼성(一日三省)이라는 말이 있다. 하루에 세 번 반성한다는 말인데 그것을 실천한다는 것은 말처럼 그리 쉽지 않다. 그러나 반성이 생활화되면 참선(參禪)처럼 정신적 안정을 되찾는 데는 상당한 효과를 볼 수 있다는 것이 내 경험이다.

오늘도 새벽 4시 전후에 일어나 청소를 한다. 아니 청소를 한다기보다는 생각을 한다. 더 나아가 생각을 한다기보다는 어제일에 대한 반성을 한다는 편이 더 낫다. 혹 술을 마시고 나의 기분 때문에 상대방의 아픈 곳을 건드리지는 않았는지, 우쭐한 생각으로 내 자랑이라도 늘어놓지는 않았는지, 부하직원에게 업무 외의 분야에까지 분수 모르고 내 생각을 강요하다시피 하지는 않았는지, 서푼어치도 되지 않는 인격을 가지고 사람이 다된 것처럼 공자말

씀만 한 것은 아닌지 등.

손오공 같은 재주꾼도 광대무변(廣大無邊)한 능력의 소유자인 부처님 앞에서는 제 아무리 뛰어도 부처님 손바닥 안 아니었던가? 정말 일일삼성이 아니라 일일만성(萬省)을 하고 살아도 사람 노릇하고 살기가 어렵다는 생각이 든다. 왜 사람은 겸손해야 하는지 답은 너무나 명명백백하다고 본다. 도리, 분수와 자기능력을 모르는 데서 오는 오만, 독선이야말로 공동생활을 황폐화시키기 때문이다. 노자(老子)는 사해(四海)가 능히 백곡(百谷)의 왕이 된 연유를 그 스스로의 위치(位置)를 낮추었기 때문으로 보지 않았는가.

혼네(本音)와 타테마에(建前)

일본말로 '혼네'와 '타테마에'라는 것이 있다. 번역하자면 '혼네'는 속뜻쯤으로, '타테마에'는 겉으로 표방하는 방침으로 될 것이다. 흔히 일본 사람들을 비난조로 이야기하면서 겉과 속이 다르다고 말하는데 이것이 바로 '혼네'와 '타테마에'가 다르다는 것이다.

나이 오십이 거의 되어서야 처음으로 외국여행을 하게 된 곳이 일본이었다. 빡빡한 출장일정으로 여러 곳을 볼 수 없었으나 일본은 전체적으로 친절하고 무언가 반석(盤石)처럼 안정된 사회라는 느낌을 받았다. 무엇보다도 좋았던 점은 그들의 질서의식이었다.

일본인들의 질서의식이 도대체 어디에서 연유하는 것일까 나름대로 생각해 보았다. 신칸센(新幹線)을 타고 가는 도중에 열차에서 물건을 파는 두 사람이 서로 지나치는데 상대방의 손수레에 넘어져 있는 캔을 아주 자연스럽게 세워주고 가는 것을 보았다. 또 처음에는 왜 그런지 이유를 몰랐으나 앉아 있던 승객들이 객차와 객차 사이로 들락거렸는데 알고 보니 핸드폰을 받으러 가는 것이었다. 분명 전화벨 소리는 들리지 않았으니 모두 진동(震動)으로 바꿔두었던 모양이다. 그것은 남에게 폐를 끼치지 않겠다는 깊은 배려였고 어쩌면 남을 위한 그 작은 배려가 바로 질서로 나타나는 것이 아닌가 하는 생각이 들었다.

그리고 그런 그들의 의식은 견강부회(牽强附會)로 들릴는지 모르지만 '혼네'야 어떻든 '타테마에'에 충실한 때문이 아닌가 한다.

사람이란 모름지기 자기 하고 싶은 대로만 하며 살 수는 없는 법이다. 더 나아가 마음에는 내키지 않아도 겉으로는 평화를 유지해야 하는 경우가 오히려 더 일반적 삶의 방식이 아닐까 싶다.

오늘 아침 아내가 준비한 반찬이 다른 날과는 달리 입에 맞지 않아도 아침 일찍 조리대에서 들인 정성을 생각해 달게 먹으며 덕담을 하는 것이 그 자리에서도 좋을 뿐 아니라 장차 더 나아질 수 있는 여지가 있다고 나는 생각한다.

누군가의 충고지만 직언(直言)은 1년에 한 번으로 족한 것이지 버릇이 되면 불평분자뿐이 더 되겠는가. 물론 교언영색(巧言令色)

057

으로 상대방의 비위를 맞춘다거나 원한을 숨기고 벗을 사귀는 것은 위선이요, 이중인격이라고 공자도 경계한 일이기는 하지만 '혼네'를 그대로 행동으로 표출하는 것은 더욱더 경계해야 할 일이 아닌가 싶다. 타인에 대한 한량없는 배려, 그것이야말로 문화를 한 단계 끌어올리는 계기가 될 것이다.

혼 네 와 타 테 마 에

역지사지(易之思之)

역지사지(易之思之)란 지금의 자기 입장을 다른 사람의 입장에서 바라보라는 말이다. 공자님 같은 말씀이다. 왜냐하면 그것이 생각보다 쉽지 않기 때문이다. 대저 동서고금의 명언이라는 것이 지키기가 쉽지 않기 때문에 그것을 배우고 실천하라고 나온 말일 것이다. 그러므로 그렇게 하라는 것은, 쉽지 않은 것에서 평범한 삶의 진리를 발견하는 것이 사람의 살아가는 길이기 때문이리라.

나는 요즘 법무부 보호국 근무를 하면서 또 하나의 새로운 사실을 알았다. 나는 골프를 무척 좋아하여 혹 등산이 골프보다 더 재미있고 유익하다는 선배들의 말을 들을 때면 골프 치러 갈 여건(문민정부 시절에는 골프를 강제적으로 치지 못하게 한 적이 있다)이 되지 않으니까 일종의 자기합리화, 이솝우화로 이야기하면 어차피 못 따먹을 포도라면 그 포도는 시어서 못 먹을 것이라고 생각하는 것쯤으로 치부해 버린 적이 있었다.

그런데 내가 모시고 있는 국장들이 한결같이 등산을 좋아하는 분들이라 처음에는 내키지 않는 발걸음으로 16년 전에 구입하여 1년에 한두 번밖에 신지 않았던 등산화를 꺼내어 등산을 시작했다. 그 이후 주말이면 어김없이 등산을 다니다 보니 등산도 등산 나름대로 기가 막힌 운동이구나 하는 생각을 갖게 되었다.

아무리 추운 겨울이라도 산을 오르다 보면 어느새 비오듯 땀이 쏟아진다. 자신의 능력에 맞춰 무리하지 않으면서도 호흡 리듬으로 꾸준히 정상을 향하여 올라갈 때 육신은 비록 괴로우나 정신은 오히려 날아갈 듯한 기분이 드는 것이 바로 등산이다.

정상에서 내가 올라온 길을, 정말이지 저렇게 아득히 멀게만 느껴지는 산을 구비구비 돌아 올라왔나 싶은 발자취를 바라보는 성취감 역시 굉장한 것이었다. 골프를 할 때는 골프만이 인생의 축도인 것처럼 생각하고 다른 취미들을 애써 무시했는데 '등산도 오히려 골프 못지 않은 인생의 묘미로구나' 하는 생각을 갖게 되었다.

그 이후로는 남들이 좋아서 하는 취미생활에는 그 나름으로 이유가 있구나 하고 그 취미가 불법이 아니면 무조건 이해하는 쪽으로 생각이 넓어졌다는 것이 무엇보다도 큰 소득이 아닌가 한다. 취미를 가지되 집착을 하지 않는다면 정신건강에도 얼마나 좋은지 모른다.

생각해 보면 남의 입장에서 사물을 바라본다는 역지사지(易之思之) 만한 공존의 철학은 없지 않나 하는 생각이 든다.

벼슬의 나이와 자연의 나이

나는 복합적 능력이 남들보다 부족해서인지 사법시험에 늦게 합격했다. 뒤늦게 발을 들여놓고 보니 먼저 합격한 친구들은 모두 높이(?) 오르거나 변호사를 개업하여 안정된 생활을 누리고 있었다. 그래서인지 내 뒤에 따라다니는 수식어는 별로 싫지는 않으나 그렇다고 좋지도 않은 "나이 들어서 합격했다"는 말이 되었다.

사정이 그러하니 직장에서도 나이가 나보다 많지 않은 상사를 모실 때가 흔했다. 그러나 나는 그런 것에 별로 개의치 않는 편이다. 왜냐하면 내 나이에 이 정도의 직급도 그리 흔한 일은 아닐 뿐 아니라 나이라는 것은 공적 관계 외의 문제로 나이 순서에 따라 직급의 높이가 정해지는 것이 아니라는 사실은 삼척동자도 아는 것이기 때문이다.

이치가 그러하기 때문에 나는 윗사람이 이치에 맞지 않은 행동이나 말을 할 때는 반항하기도 하고 따져보기도 하지만 나이가 젊다고 해서 상사에 대한 예의를 그르치는 일은 하지 않는다.
　젊은 나이에 시험에 빨리 합격하여 벼슬생활을 오래 하다 보면 자연의 나이와는 달리 벼슬의 나이가 몸이나 얼굴에 배게 된다. 그래서 자연의 나이와는 달리 벼슬의 나이도 조직생활을 하면서 존중해 주어야 할 당위가 바로 그런 곳에 있는 것이 아닐까 싶다.
　벼슬의 순서는 단체나 조직 내의 질서유지를 위한 것이지 나이 순서에 맞추는 것이 아님은 두말할 나위가 없다. 나이 순서에 맞추는 것이라면 대통령의 나이가 제일 많아야 하지 않겠는가.

아첨은 고급스러워야

아첨(阿諂)의 사전적 의미를 보았더니 "남의 환심을 사거나 잘 보이려고 알랑거림"이라고 되어 있다. 나는 평소 최고의 예의는 아첨을 고급스럽게 하는 것이라고 믿고 있는 사람이다. 물론 예의와 아첨은 서로 다른 차원의 문제로서 위의 말은 논리적이지 않을 것이다. 그러나 상대를 기분 좋게 하는 것이 아첨일진대 고급스럽지 않은 아첨은 정말 역겹고 분위기를 망치기도 한다.

역겨운 아첨을 듣고 좋아하는, 판단이 흐린 사람도 없지는 않겠지만 대개는 초등학교 시절부터 아첨은 나쁘다고 교육받은 요즈음의 풍토에서는 천박한 아첨을 듣고 기분 좋아하거나, 그 말을 한 사람이 뜻 그대로 환심을 사거나 잘 보이기는 더더욱 어렵다고 본다.

그러므로 아첨이 남의 기분을 좋게 하고 좌중(座中)의 분위기를 살리기 위해서는 고급스러워야 한다. 고급스러우려면 첫째, 내용에 거짓말이 없어야 한다. 틀니를 한 사람에게 아무리 이가 가지런하기로서니 이가 너무 가지런해서 좋아 보인다든지, 평소에 대머리인 것을 잘 알면서도 가발을 한 사람에게 원래 모발보다 더 자연스럽다든지 하는 것은 어울리지 않을 것이다.

둘째, 좌중의 분위기에 맞아야 할 뿐 아니라 은근한 표현을 써야 한다. 그리고 사람이란 누구나 자신의 강점이나 자랑스럽게 생각하는 부분이 있기 마련인데 그런 점들을 잘 파악하여 듣는 사람이 수긍할 수 있는 내용이어야 한다는 것이다.

삶을 파괴하지 않고 오히려 삶을 윤택하게 하기 위해서는 남을 즐겁게 해줄 수 있는 지혜야말로, 즉 아첨을 고급스럽게 하는 것이야말로 공동생활에서의 청량제이자 예의라고 생각한다.

IMF 시대의 삶의 자세

우리 세대는 참으로 가치 있는 어린 시절을 보냈다고 생각한다. 모든 사람이 가난했던 시절, 배가 고팠던 시절, 그러나 가장(家長)의 밥그릇 말고는 똑같이 보리밥을 먹으면서 차별이 없던 시절이기도 했다.

벼가 익을 무렵이면 벼메뚜기 잡아먹고, 얼음을 지치다 목이 마르면 빙 둘러앉아 강에 언 얼음을 그대로 깨어 먹던 시절, 어쩌다 올려다본 밤하늘에는 안개꽃처럼 온통 희뿌연 은하수가 흐르고, 컴퓨터는 없어도 진흙으로 만든 장난감과 자동차가 있었고, 구슬치기를 하며 놀았다. 어디 그뿐인가, 강에서 멱감다 입안 가득히 강물을 머금고 강물의 단맛을 그만 삼켜도 좋았던 그런 시절이었다.

그때라고 왜 오욕칠정(五慾七情), 희로애락(喜怒哀樂)이 없었겠는가마는 그래도 요즈음 같은 아귀다툼은 훨씬 덜 했으리라는 생각이 든다. 정이 넘치던 시절, 번거롭기는 해도 예의가 강물처럼 흐르던 그런 시절이 아니었던가.

  IMF 시대라고 다들 난리들이다. 모든 것이 투명해야 하고 합리적이어야 하고 자유경쟁이어야 한다는 등 온통 미국의 논리뿐이다. 이른바 공맹(孔孟)으로 대표되는 아시아적 가치는 그런 발전적 요소들과는 정면으로 배치되는 것으로 치부되어 버렸다. 심지어 공자가 죽어야 나라가 산다고 극언까지 서슴지 않는 세상이다.

  유교적 가르침이나 전통이 정녕 미국식 자본주의사회의 발전에 걸림돌이 되고, 우리가 지향해야 할 방향이 미국식 사회라면 하루빨리 공맹을 버려야 하는 것이 옳은지, 한 시대 뿐 아니라 영원히 변치 않는 가치라는 것이 과연 존재하는 것인지 그야말로 판단이 서지 않고 사상적 혼란만 가중되는 것 같다. IMF 관리를 벗어나려면 미국식 사고로만 무장해야 하는 것인지, 그렇다면 아직도 왜 공맹을 논하는 것일까?

  그러나 나는 우리의 허황(虛荒)된 그간의 생활의 규모를 줄이는 한이 있더라도, 조금은 불편이 따르더라도 옛날의 "그 무언가 부족하면서도 삶이 뿌듯했던 시절, 공해 없던 시절"로 돌아가야

마땅하다고 생각한다. 미국에는 미국 사람들이 미국식 삶을 영위하고, 아프리카에는 아프리카 사람들이 그들식의 삶을 살아가야 한다고 생각한다. 전세계가 하나의 사고, 하나의 가치관, 하나의 삶의 방식으로 단일하게 살아갈 수도 없고, 또 그래서도 안 된다고 생각한다.

생각하기에는 자연에서 돌아온 것을 자연으로 되돌리면 우리들 어린 시절의 삶이 미국의 생활보다 못할 것이 어디에 있겠는가. 삶의 방식이 다르고 사고가 다르면 생활의 차별화(差別化)가 가능하고 보람을 찾을 수 있겠지만 똑같은 가치기준, 똑같은 삶의 방식에서야 차등화(差等化)밖에 더 있겠는가.

IMF 관리시절이라고 너무 기죽어 지낼 필요는 없지만 과소비가 부른 것이고 보면 검소한 생활을 하는 독일 국민을 본받아야 할 필요가 있다.

작년 가을에 내한한 헤어초크 독일 전 대통령이 호텔에 묵었을 때 20장의 수건 가운데 단 두 장만 쓰고 양말을 화장실에 빨아 말리는가 하면 외출할 때는 켜두어야 할 표시등까지 찾아 끄고 나간 것이 신문에 보도되었다. 그런데 이번에 하원의 티이제의장이 30억짜리 의장 공관을 마다하고 30만 원 월세아파트에 눌러 살기

IMF 시대의 삶의 자세

로 했다고 한다. 집주인이 잘 닫히지도 않는 문짝을 고치려 하자 월세금 오른다고 거절했단다. 수행원도 거절하고 비행기도 일반석으로 탄다는 그들의 정신을 본받아야 할 것이다.

조화(調和)

학창시절 고려대학교 신문에 글을 남기고 얼마 지나지 않아 자살한 어느 후배의 글이 생각난다. 자신의 하숙방에서 벽에 난 작은 창문으로 바라보는 도봉산은 그지없이 아름답고 조화롭기만 하다는 것, 주말이면 도봉산에 올라 나무 하나, 풀 하나, 바위 하나, 그 하나 하나를 뜯어보면 그야말로 잘 생긴 것은 잘 생긴 대로 못 생긴 것은 못 생긴 대로이지만 각자의 아름다움을 간직하고 있다는 것, 그리고 그것들이 함께 어우러져서 전체적인 조화를 이루는 그 무엇이 있다는 글이었다. 당시는 박정희(朴正熙) 대통령 시절, 누구의 필요에서인지는 모르겠으나 민주화란 이름의 데모로 하루도 편한 날이 없었고, 젊은 우리들은 획일(劃一)이 아닌 개성을 요구하던 그런 시절이기도 하였다.

그렇다. 조화는 각자가 각자의 모습으로 남아 있으면서 그 전체의 조화를 위하여 필요한 존재일 때만 완벽하게 이루어지는 것이다. 도봉산의 전체 골격을 이루는 큰 바위덩어리도 한쪽 모퉁이에 삐죽이 솟아 있는 작은 돌멩이나 시들어가는 풀 한 포기의 존재가 있음으로 해서 더욱더 조화롭게 보이는 것이다.

어떤 시인은 가을 산의 단풍을 오케스트라의 웅장한 대합창이라고 했다. 빛나는 개체들의 조화가 어우러져 화음을 이루는 것을 말하는 것이리라. 상대방의 가치와 존재를 참으로 인정하고, 아니 오히려 그대 있음에 내 가치가 빛난다고 하는 자세야말로 조화의 기본사상이 아니겠는가.

금융실명제 유감(有感)

어떤 작은 조직이라도 책임을 맡은 사람의 입장에서 바라보면 길이 뻔히 보이는데도 조직원들이 따라 주지 않아 답답하게 느낄 때가 많을 것이다. 사장의 입장에서 종업원들이 업무시간에 신문만 뒤적인다든지, 회사의 돈이 들어가는 것이 뻔한데도 사적으로 회사 전화기를 들고 쓸데없는 내용으로 시간을 보내는 것은 정말 울화통이 터질 일이다. 하물며 그것이 국가조직을 이끄는 대통령의 입장이 되면 업무의 중압감만큼이나 얼마나 답답하겠는가는 짐작하기 어렵지 않다.

대통령의 마음처럼 국민들이 따라온다면 언필칭(言必稱) 건국 이래 최대의 국난이라는 IMF 사태인들 그 무슨 대수일까? 수입품을 일체 쓰지 않고 좀 추우면 추운 대로, 일 년이면 수백억 달러에 이르는 석유수입만 자제하더라도 금방 극복할 수 있지 않겠는가? 물가가 오른들 무슨 걱정이겠는가. 국민이 일치 단결하여 오른 품목의 물건을 사지 않으면 그만일 것인데.

그러나 조직이라는 것이 그렇게 단순하거나 호락호락한 것이 아닐 뿐만 아니라 안정장치 없이 조직원의 감성, 나아가 국민의 애국심에만 호소하는 정책은 이기심이 인간 본성인 한 그 한계를 가질 수밖에 없다. 미국 사람의 대부분이 일본의 소니사 전자제품을 일제가 아닌 미국제로 알고 산다는 것 아닌가.

아마 세계 어느 나라든 국민 개개인이 대통령의 마음 같다면 잘 되지 않는 수 없겠지만 실상은 전혀 그렇지 않다. 정책이란 원래 이기적인 인간의 집단을 상대로 시행착오를 거치면서 세워나가야 하는 것이지, '바로 이것이야' 하는 완벽한 제도는 없는 법이다.

우리나라는 문민정부의 출범 이후 얼마 지나지 않아 금융실명제가 전면적으로, 그것도 사전에 전혀 논의조차 없이 전격적으로 실시되었다. 당시 금융실명제를 발표하던 대통령의 득의에 찬 표정과, 어쩌면 이제는 그 누구도 부정을 저지르지 못할 테니 두고 보라는 식의 어투, 마치 그 제도가 없었기 때문에 부정부패가 일어났고 세금이 탈루(脫漏)되고 경제가 엉망으로 된 것인 양 확신하던 모습을 결코 잊을 수 없다.

 그러나 약 5년 뒤에 그분이 그만둘 때 과연 부정부패가 없어지고 경제가 좋아졌던가. 오히려 그 정반대의 현상이 일어나지 않았는가. 지나치게 자포자기적인 생각인지는 모르겠으나 살아가면서 모든 것을 한꺼번에 얻게 될 수는 없다. 나라의 부(富)나 총체적 국력이 국민 개개인의 수준의 총합을 어떻게 뛰어넘을 수 있겠는가? 특정한 나라를 지칭하는 것이 본의는 아니지만 방글라데시도 금융실명제만 채택한다면 금방 좋아질 것이라는 착각은 이제부터라도 정책을 입안하는 분들이 그만 두었으면 좋겠다.

 논어(論語)에 다음과 같은 흥미 있는 내용이 있어 옮겨본다.

 대체로 잘 알지도 못하면서 창작을 하는 사람이 있으나, 나는 그런 일이 없다. 많이 듣고 그 중 훌륭한 것을 가리어 따르고, 많이 보고서 그것을 기억해 두는 것은 아는 것에 버금 가는 일이다.

 이는 어설픈 창작이나 검증되지 않은 제도의 급격한 도입을 경계한 공자의 말이 아닐까?

금융실명제 유감

고유한 문화에서 배태된 인심이나 정서, 국민 개개인의 이기심을 고려하지 않은 정책, '이것은 몰랐을 거다' 하는 식으로 애정이 결핍되거나 마치 점령군이 포고령을 발표하고 밀어붙이는 식의 정책, 특히 그것이 경제정책일 경우는 아무리 좋은 제도라 하더라도 루머 한 마디에 은행돈이 그대로 빠져나가 버리는 현상을 절대로 막지 못한다는 것을 잘 알아야 할 것이다.

예의(禮儀)는 궁행(躬行)

글을 읽다보면 우연한 기회에 사소한 일로 무언가 깨닫게 되는 경우가 있다. 그것은 출전(出典)을 확인한 바도 없고 자신이 없지만 그럴 수도 있겠다는, 긍정하고 싶은 마음 때문이기도 하다.

얼마 전 우연히 조선시대 예학(禮學)에 관한 논설(論說)을 읽던 중 마음에 와 닿는 말이 있었다. 조선시대에는 예(禮)의 근본을 궁행(躬行)이라 정의했다는 것이다. 궁행은 다름이 아니라 "몸소 행하는 것"이다.

내가 자란 시골에는 여든이 넘으신 어머님이 고택(古宅)을 지키며 아직 살고 계신다. 그러나 나는 바쁘다는 핑계로 명절이나 생신, 선조의 제사 때나 고향을 찾는 것이 고작이고 어머님을 가까이 모시는 일은 막내 동생의 일이 되고 말았다. 나는 그저 매월 생활비 정도 보태는 일로 마음의 위안을 삼고 있다.

그런데 묘한 것은 가까이 모시는 동생보다도 내가 더 어머님을 위하는 것처럼 잘못 알려지고 있다는 점이다. 어쩌다 명절에 선물꾸러미를 들고 찾아가는 서울 사는 며느리보다 시부모를 모시고 사는 며느리가 그야말로 궁행(躬行)을 실천하는 것인데, 이것이 정당하게 평가를 받지 못하고 있는 것이다.

나는 진정한 효(孝), 예(禮)란 궁행에서 비롯되는 것임을 잘 알고, 어머님을 가까이에서 모시는 동생의 고초도 잘 알고 있다. 왜냐하면 궁행은 어려운 것이기 때문이다. 요즈음은 마음은 편해야 하겠고 놀기는 놀아야겠고 하다 보니 설날 등 명절에도 가족끼리 놀러간 곳에서 차례(茶禮)를 지내기까지 하는 시절이 되어버렸다.

꼭 명절이 아니라도 좋다. 부모에 대한 효든 다른 사람에 대한 예(禮)든 '마음은 뻔합니다' 하는 그야말로 겉치레 인사보다는 몸을 던져 예를 다하는 한 해가 되었으면 한다. 공자(孔子)도 "자신이 직접 제사를 지내지 않고 남을 시켜서 지내는 것은 제사를 지내지 않는 것과 같다"고 하지 않았는가.

언제든지 안면을 바꿀 수 있는 사람

대중이 보기에는 벼슬이 높은 것도 아닌데 스스로 벼슬이 높아졌다고 판단하고 사람 대하기를 종전과 달리하는 사람을 흔히 보게 된다. 또 다른 사람으로부터도 그런 낭패한 꼴을 당했노라고 내게 불만을 토로하는 경우도 본다. 이는 꼭 벼슬이 아니더라도 자신의 위치가 어쩐지 종전과 다르다고 판단하는 경우에도 일어날 수 있는 일이다.

  그런 경우에는 먼저 당하는 쪽이 황당하기 이를 데 없다. 의당 종래의 상호간의 호칭이나 대하는 태도 등에서 예측 가능한 패턴이 있기 마련인데 그런 예측 가능성을 송두리째 앗아가기 때문이다. 그렇게 반갑게 맞이해 주던 사람이 어느날 갑자기 모르는 척 하는 경우도 있고, 선배 대우를 깍듯이 해주던 사람이 사무적으로 나오는 경우가 예상될 수 있다.

물론 계산된 의도로 그렇게 안면을 일시적으로 바꾸는 것은 가능하겠으나 그 이유가 자신의 신분상승으로 항구적으로 그렇게 하는 경우는 믿을 수 없는 사람이므로 이후 상종을 하지 않는 것이 좋다고 본다.

안면을 바꾸어 상호간의 신뢰관계에 예측가능성을 주지 않는 것은 비단 개인간의 문제에서만이 아니고 국가기관이나 지방기관에 대해서도 똑같이 적용된다. 이것이 이른바 신뢰보호의 원칙이나 법적 안정성의 문제이다.

비록 다소 법에 어긋나게 이루어진 행정기관의 행위가 있더라도 그것이 국민에게 이익을 주고 그 국민이 그렇게 신뢰하게 된 상당한 이유가 있으면 행정기관은 위법이라는 이유로 그 이익 되는 행위를 함부로 취소하지 못한다는 것이다.

자기의 과거에 한 말이나 행동에 어긋나는 말이나 행동을 하는 것은 과거의 언동(言動)을 신뢰한 사람에게 언동이 바뀌게 된 경위를 납득시키지 못하면 이를 신뢰한 사람을 당혹하게 하는 것이다. 사람이 살아가면서 향후의 생활이 예측 가능하다는 것은 그만큼 심리적으로 안정감을 가질 수 있게 되는 것이다.

논어(論語) 이야기

오늘 내가 근무하는 법무부의 화장실에 갔더니 금주의 명언으로 논어에 나오는 공자의 말씀이 적혀 있었다.

군자(君子)는 자신의 무능함은 근심하지만 남이 자기를 알아주지 않는 것에 대하여는 이를 탓하지 않는다.

논어에 나오는바, 누구나 다 아는 이야기다.

논어를 대학에 들어와서 읽고 느낀 감정은 '사람의 감정이나 사회성이란 참으로 변하지 않는 것이구나' 하는 점이었다. 약 2500년 전의 책에 나오는 내용임에도 불구하고 오늘날에도 여과 없이 인간생활의 원칙을 설명하고 있는 것이기에 말이다. 그리고 '공자도 일상생활을 하면서 스스로는 반성하는 자세를 견지하면서 살아온 평범한 인간이었구나' 하는 생각을 떨쳐버릴 수가 없었다.

  대개의 경우 일상적 감정을 이야기하라고 하면 자신의 무능에 대해서는 의식적이든 무의적이든 눈을 돌리고 남이 자신을 알아주지 않는 점에 대하여는 섭섭해하기 마련일 것이다. 그러나 이는 마음을 다스리며 살아가야 하는 사람의 자세일 수는 없는 것이다.

  생각건대 공자도 처음에는 자신의 무능이나 무식이 그대로 나타나는 것을 싫어했을 수도 있다. 그리고 남이 자신을 알아주지 않는 점에 좀 억울한 생각이 들 때도 있었을 것이다. 그러나 그것이 군자의 도리가 아니고 또 마음을 다스린다는 사람으로서의 도리도 아닌 것을 바로 깨닫고 이를 경계하기 위하여 위와 같은 글을 남겼을 것이다. 이것은 비록 위의 단편에만 끝나는 것이 아니라 논어의 전편(全篇) 어디에서나 유사한 것을 찾을 수 있다.

"덕은 결코 외롭지 않아. 반드시 이웃이 있기 마련이야."

  자기로서는 한다고 하는데도, 덕을 베푸는데도 상대방이나 일반인의 반응은 의외로 차다. 그렇다고 군자답지 못하게 자기 마음을 알아주지 않음을 안달해봐야 소용 없는 일, 알아주는 사람이 있을 것으로 믿고 기다리는 수밖에 없다. 아마도 그런 심경(心境)에서 그와 같은 말을 했을 수도 있으리라.

"내가 하루 종일 쉬지도 않고 밤새 자지도 않고 생각에 생각을 거듭하였으나 아무런 소득이 없었어. 공부만 같지 못했어."

뭔가 대각(大覺)을 한답시고 끙끙 생각해 봤자 무익한 경우가 대부분임을 우리는 경험으로 안다. 역시 계속 공부하는 것이 남는 것이다. 실용적인 중국인을 다시 보는 것 같다.

어떻게 보면 공자도 먼 나라 사람이 아니고 생활하면서 안타까워하기도 하고 억울해 하기도 하고 반성도 하고 다짐도 하면서 학문을 완성해 나간 심약하고 평범한 이웃집 아저씨는 아니었는가 싶다.

사촌이 논을 사면 배가 아프다

작은 내기라도 하다 보면 상대의 실력이나 행운에 대하여 진심으로 축하의 마음이 생기지 않을 때가 많다. 화투패가 잘(?) 섞였다면 나에게 와야 할 광(光)이 상대방에게 갔다든지, 누가 봐도 들어가지 않을 거리에서 퍼팅한 골프공이 홀에 빨려가듯 들어갈 때는 솔직히 신체의 일부가 뒤틀리는 애석함(?)이 들 때도 없지 않다. 그럴 때마다 나 자신의 수양부족을 못마땅하게 생각하지만 똑같은 장면이 되풀이될 때면 또다시 배가 아프다.

'사촌이 논을 사면 배가 아프다'는 옛 말이 있는데, 비슷한 뜻으로 '너의 불행이 곧 나의 행복'이라는 말은 요즈음의 말일 것이다. 그런데 이것이 더욱 더 발전하여 '내가 죽었으면 죽었지 다른 사람 잘 되는 것은 못 보겠다'는 세태로까지 발전한 듯하다.

다른 사람의 행운이나 성공을 진심으로 축하해 주는 것은 그것이 나의 이해가 걸려 있건 그렇지 않건 필요하고 당연하나, 사람이 그 정도로 수양하기는 말처럼 쉬운 일이 아니다. 그러나 우리가 진심으로 나보다 남을 세워야 할 곳은 다른 데 있는 것이 아니고 공적(公的)인 일이나 자리가 아닌가 생각한다.

문제가 개인의 순간적 기분의 호(好), 불호(不好)뿐이라면 가끔은 다른 사람의 행운이나 성공에 배아파 하고 일시적으로 몸이 비틀어지는 것은 차라리 애교일 수 있으나, 공적인 일이라면 이는 마음껏 축하해 주어야 하고 남을 앞세움이 옳다고 본다.

노자(老子)는 인생을 살아가는 데 있어 세 가지 보배가 있다고 했다. "첫째는 자애로운 것이고, 둘째는 질소검약(質素儉約)하는 것이며, 셋째는 감히 사람의 선두에 나서서 가지 않는 것이다"라고 했다. 관포지교(管鮑之交)에서 보듯이 포숙아가 내버려두었더라면 처형되고 말았을 친구 관중을 살려주었을 뿐만 아니라 자신에 앞서 등용토록 하고 스스로 관중의 조수가 되었으므로 영원히 죽지 않고 공생(共生)한 것이다.

언젠가는 떠나야 할 공직(公職)이고 언젠가는 사라져야 할 인생(人生)이 아니겠는가. 먼저 떠나고, 먼저 사라진다고, 어차피 다 떠나고 사라질 입장에서야 무슨 차이가 있다는 것인지. 그러나 주위에서 유능한 사람이 앞서 죽고, 앞서 공직을 떠나는 것을 볼 때는 국가 이익의 차원에서 안타까움이 남을 때가 많다.

부실공사

몇해 전인가 부실공사로 인해 성수대교, 삼풍백화점이 내려앉았다. 부실공사는 비단 그와 같이 형태가 있는 것에만 있는 것이 아니다. 사전에 계획하고 준비함이 없어 대충대충 업무를 처리하는 것은 비단 건설공사에만 있는 것이 아니라 모든 업무에 적용된다. 그리고 그로 인한 손해는 건물이나 다리가 내려앉은 것과는 비교가 되지 않게 클 수가 있다. 특히 그것이 국가적 이해에 결부된 것인 경우 그 손해는 엄청나게 클 수가 있는 것이다.

검사(檢事)가 수사를 하면서 증거를 꼼꼼히 챙기지 않아 중요한 살인범이 무죄로 석방되는 경우도 물론 일종의 부실공사이다. 증거가 부족함에도 불구하고 공명심으로 인해 판단력이 흐려져 자백을 유도하거나 회유하는 것도 바로 부실공사와 같다.

최근에 가장 눈에 띄는 대표적 부실공사는 아마도 일본과의 어업협상(漁業協商)이 아닌가 한다. 물론 나름대로는 여러 가지 복합적 원인이 있겠으나 철저한 준비로 무장한 일본 대표단에게 곱다시 당했다고 볼 수밖에 없다.

우리 인생도 마찬가지다. 1년의 계획은 곡식을 심는 듯이 하고, 10년의 계획은 과수(果樹)를 심는 듯이 하고, 일생의 계획은 인재를 육성하듯이 하라는 말이 있다.

인과응보(因果應報)는 우리의 바람처럼 무원칙한 것이 아니라 어느날 갑자기 태산 같은 무게로 다가서는 것이다. 차근차근 준비하지 않으면 인생 전체에서의 부실로 이어질 수밖에 없다.

IMF 시대와 대중교통

내가 근무하는 이곳 과천은 서울 강남에 있는 우리집에서 승용차로는 길이 밀리지만 않으면 약 25분이면 도착할 수 있는 거리이고 버스로는 집을 나서서 약 45분 정도가 소요된다.

나는 집 가까이 근무하면서 지방에서 출퇴근용으로 쓰던 승용차를 처분하였다. 여러 가지 사정상 대중교통을 이용하기로 마음먹고 그대로 버스를 이용하여 출퇴근하고 있다. 집에 승용차가 없는 것은 아니나 출근해서 퇴근까지 하릴없이 세워두는 것보다는 아내에게 집안에 필요한 일을 하기 위하여 사용하도록 하는 것이 여러모로 나을 것 같아 집에 두고 다닌다.

눈이나 비가 내리는 날이나 날씨가 추울 때는 불편한 점이 없지는 않으나 대중교통의 편리함이나 비용절감 효과는 그런 불편을 충분히 감내할 수 있게 한다. 그런데 주위를 살펴보면 속속들이 사정이야 알 수 없지만 무리하게 보이는 자가용 이용이 없지 않아 보인다.

그런데도 승용차를 이용하는 까닭이 무엇인지 한 번 생각해 보았다. 감히 단언컨대 그 이유는 승용차를 이용, 집을 나설 때의 자그마한 편리함 때문이 아닌가 한다. 명절 때의 교통지옥을 무리를 해서라도 승용차를 끌고 고향을 찾으려는 것은 집을 나서는 그 순간의 편리함 때문과도 비견된다고 할까?

그러나 개인적 사정이 다 다를 수 있겠으나 나는 대중교통을 이용하면서 그것의 메리트를 즐기기 때문에 2년이 다 되어 가는 지금까지 계속해서 대중교통을 이용하고 있다.

IMF 이후에 기름값이 천정부지(天井不知)로 뛰자 과천으로 오는 길도 한산하게 될 정도로 자가용 이용자가 몰라보게 줄었으나, 국민의 정부가 새로 들어서고 환율이 안정되면서 기름값이 부담스럽지 않게 되자 바로 과천길이 그 이전의 교통체증으로 되돌아가 버린 것이다. 이 조그만 사안에서 볼 수 있듯이 대중교통의 장점들을 즐김이 없이 기름값이 올랐다든지 하는 객관적 상황 변화에 마지못해 이끌린 대중교통 이용은 그리 오래 지속되지 못하는 것이다.

089

　버스를 타러가거나 버스에서 내려 사무실까지 오는 거리를 걷는 것은 평소 운동이 부족한 책상물림으로서는 이보다 더 좋은 운동기회가 어디에 있겠으며, 버스 안에서의 약 20여 분에 걸친 단잠은 새벽부터 설쳐 피곤한 정신을 맑게 해주면서 오전 업무에 활력을 불어넣어 준다. 때문에 나는 누가 자가용을 그냥 준다고 해도 출근시간에는 대중교통을 이용할 것이다.

　비록 이런 것은 대중교통을 이용하는 경우에만 국한된 문제가 아니다. 어차피 자신의 분수에 맞는 일을 하는 경우라면 즐거운 마음으로 해야지 이를 남과 비교하여 하는 수 없이 그렇게 할 수밖에 없어 한다고 생각하면 진정으로 그 일을 즐길 수 없고 스트레스만 쌓일 것은 불문가지(不問可知) 아니겠는가?

IMF 시대와 대중교통

인사정책

나는 가끔 우리나라 사람들 모두가 너무 똑똑하여 서로 잘났다고 하면 나라가 어떤 방향으로 흘러갈까 하는 헛걱정을 하는 경우가 있다. 저마다 이른바 3D 업종은 쳐다보지 않고 직업을 선택한다면 거리는 쓰레기로 넘쳐흐를 것이고, 가족이 아니고는 병원에 누워 있는 환자 하나 돌볼 사람이 어디에 있겠으며, 저마다 제일 좋다는 직업 한 가지에만 매달리지 않겠는가 하는 쓸데없는 공상을 가끔 한다. 이것은 비단 나라에서만의 문제가 아니고 크건 작건 모든 조직에서 예상할 수 있는 문제이기도 하다.

노자(老子)의 말에 "예를 행함에 있어 완전무결한 사람은 없다. 그러므로 군자는 완전무결한 사람을 구하지 아니하고 스스로 도를 깨치는 일에 힘쓴다"라는 말이 있다.

사람을 등용하는 것은 목수가 재목을 사용하는 것과 같다고 했다. 나무가 좋으면 좋은 대로 나쁘면 나쁜 대로 못쓰는 곳을 버리고 쓰면 되는 것이다. 이것이 바로 적재적소(適材適所)다.

하나의 집이 완성되기 위해서는 동량(棟梁)도 물론 필요하지만 서까래도 필요한 것이다. 동량을 서까래로 사용해서도 안 되지만 서까래를 동량으로 사용해서는 더더욱 안 될 것이다.

문제는 동량도 서까래의 가치를 인정하고 서까래도 동량을 시기하지 않아야 한다는 것이다. 한편으로 동량도 서까래가 없이 집을 완성하지 못한다는 의미에서 동량이든 서까래든 구별한다는 것조차도 무의미한지 모른다. 유기체인 조직에서 구별이 무의미할지는 모르나 단지 인사권자의 입장에서 대체성(代替性)이 용이(容易)하냐 아니하냐의 입장은 있을 수 있으리라.

조금의 흠이 있는 사람이라고 기다렸다는 듯이 이를 버리는 인사정책을 가끔 본다. 인간의 능력을 총체적으로야 어떻게 사람으로서 판단할 수 있겠는가마는 그러나 분야별 능력 차(差)야 나타나기 마련일 것이다. 문제는 사람을 쓰는 데 있어서 그것이 사람 개개인에 대한 애정이 바탕을 이루어야 종국적으로 정당성을 가질 수 있다는 것이다.

인 사 정 책

상사(上司)와 부하(部下)

조직사회에서는 어디에서나 상하(上下)가 있다. 그것도 인간관계이기 때문에 조화와 갈등의 문제는 언제든지 생기기 마련이다. 상사와 부하는 어떤 관계여야만 그 조직의 역량을 극대화할 수 있는 것일까.

흔히 그들의 관계를 부부의 관계에 비교하기도 하고, 동반자 관계라고 하기도 한다. 상사만이 그 조직의 핵심부품이 아니다. 조직이 하나의 유기체라면 어느 하나의 부품이라도 결함이 있으면 원만히 돌아가지 않는다. 사무실을 청소하는 사람, 아침에 출근하는 길목에서 산뜻한 근무복을 입고 거수경례를 하는 수위에 이르기까지 조직의 원활한 운영을 위하여 필요하지 않은 사람은 없다.

부하에게 언제나 품위 있는 태도를 견지하여야 하겠으나 뻔한 거드름은 피우지 않는 것이 좋다. 민초(民草)가 어리숙하게 보이는 것 같아도 알 것은 결국 알기 마련 아닌가. 매사 솔직한 것이 좋다. 다년간 업무에 종사하면서 배운 것은 부하에게 성실하게 가르쳐줄 것이지만 그들의 창의적 의견이나 표현에 대하여는 배운다는 자세를 가지고 있을 필요가 있다. 그래서 교학상장(敎學相長)이라 하지 않았던가.

　매사의 일을 상사 혼자서 100을 성취하려 하지 말고 힘을 합쳐 100을 성취하도록 하자. 그리하여 그 부하 직원으로 하여금 조직에서 꼭 필요한 사람이라는 자부심을 갖도록 할 필요가 있다. 큰 인연으로 같은 조직에 근무하게 된 것을 서로 존중함으로써 신나게 출근하는 분위기를 상호간 조성하는 것이 무엇보다 필요하다.

　부하 직원은 데리고 있는 사람이 아니라 같이 근무하는 사람이다. 서로 하는 일에 차이가 날 뿐이다. 그래서 누구누구를 데리고 있었다는 표현은 맞지가 않다. 이것은 어느 선배 검사장으로부터 들은 말인데 가슴에 와 닿는 데가 있다.

　혹 부하 직원이 일에 미숙하거나 마음에 들지 않더라도 교체를 요구하는 것은 옳은 태도가 아니다. 전혀 능력이 없는 사람이 들어왔을 리가 없다. 서로 배워가며 일을 추슬러야 한다. 부하의 장

상사와 부하

점을 알리는 것은 좋으나 단점을 동료나 다른 상사에게 말하는 것은 좋지 않다. 가능한 한 자기가 할 일은 자기가 하는 것이 상대방의 인격존중을 실천하는 것이다. 더욱이 업무가 엄연히 구분된 부하에게 잔심부름을 시켜 자긍심에 손상을 주도록 하여서는 안 된다.

아래 직원에게도 배운다는 자세를 견지해야 하고 무엇보다도 솔직해야 한다. 지나치게 근엄한 것은 오히려 비웃음을 사는 경우가 있다. 부하로서는 상사로부터 업무뿐만 아니라 인생살이에 대해서도 무엇인가 배운다는 자세를 가져야 한다. 나의 특장(特長) 분야에 대하여 상사가 설사 문외한(門外漢)이더라도 바로 그 점 때문에 그 자리에 있는 것이므로 그 특장으로써 상사를 보좌하면 되는 것이지 그 점만으로 상사의 무능을 탓한다면 그 또한 얼마나 어리석은 일이겠는가.

큰 인연으로 함께 근무하게 된 것을 그저 고맙게 생각하고 열심히 하면 그 다음은 대천명(待天命). 자신의 몫이 그렇게 크고 많지 않다는 평범한 진리만 깨닫는다면 그로써 족하리라.

군자삼락(君子三樂)

군자의 즐거움 세 가지 중 마지막 세 번째가 천하의 영재(英才)를 얻어 이를 가르치는 일이라 했다. 하필이면 영재일까? 진정한 교육자라면 영재가 아닌 사람을 교육하여 훌륭한 사람으로 키우는 것이어야 할 것 같아서이다. 그러나 영재가 아닌 사람을 가르친다는 것은 그만큼 어렵다는 뜻이기도 할 것이다.

세상에는 능력이 똑같은 사람이 없다. 능력이란 워낙 다양한 분야에서의 문제일 뿐만 아니라 무엇이 능력인지조차 모를 수가 있는 것이다. 타고난 능력이야 스스로의 잘못이 아니지 않은가? 우리가 진정으로 힘을 쏟아야 할 것은 영재를 발굴하여 키우는 것도 중요하지만 사람마다 출발점(능력)이 다르므로 각자의 출발점에서 능력을 최대한 발휘하게 하는 것이 더 중요할 것이다. 굳이 영재를 교육하고 싶은 마음이야 이해하지만 교육은 그런 한 곳에 머물 수 없는 것이 아니겠는가?

　매일 새벽 내 자식을 가르치면서 나는 그 가르침을 포기하려고 마음먹은 것이 한두 번이 아니었다. 가르치는 것이 힘들어서가 아니라 아무런 효과 없는, 아니 아이에게 오히려 역효과가 나지 않을까 두려워했기 때문이다. 그러나 그럴 때마다 마지막 또 한 번이라는 생각으로 마음을 다잡고, 그렇지 않으면 부지런함이라도 몸에 배게 하자는 일념으로 가르치기를 계속했다.

　지성이면 감천이라 했던가? 그저 묵묵히 아버지의 말을 잘 따라 새벽이면 일어나주는 아들이 대견했고, 서서히 결과도 나타나는 것 같아 애초 영재가 아니었음을 오히려 고맙게 생각하게 되었다. 영재로 태어나지 못한 것이 어찌 자식의 잘못이겠는가? 그 업(業)은 나의 몫이지 않으면 안 되는 것이다.

간 휴일(肝 休日)

'간 휴일(肝 休日)'은 1990년 어느 월간지에서 읽은 기사다. 이름 있는 건강잡지의 편집장 4명이 나와 대담하는 코너였는데 어느 한 분이 자신은 직업이 글쓰는 것이라 술과 담배로부터 자유롭기 어려워 특히 술의 경우는 일단 주석(酒席)에 참석한 것만으로 술을 마실 태세를 보인 것이므로, 더욱 그러하여 술로부터 건강을 지키는 방법을 유명한 내과의사에게 자문을 구하여 실행하는 방법이라면서 다른 사람에게 권하는 것이었다. 나도 당시에 거절 못하는 성격 탓에(?) 술로 어지간히 곤욕을 치르고 있었다.

그분이 제시하는 방법은 다음과 같다. 우선 간은 인체 중에서도 복원력(復原力)이 강하나 복원할 수 없을 정도로 간이 손상된 경우에는 때는 이미 늦었으므로 복원할 시간을 충분히 주는 것이 중요하다는 것이었다. 그래서 1년을 전, 후반기로 나누어 각 15일간 씩 간 휴일(肝 休日)을 설정하되 그 기간중에는 한 방울의 술도 마시지 않으면서 일 주일에 이틀만 쉬어줄 경우 일생 동안 간을 손상하지 않고 술을 즐길 수 있다는 것이었다.

솔직히 범은 무섭지만 범 가죽이야 탐나는 것이 아닌가? 술로 인한 폐해가 무서운 것이지 술로 인한 좌석의 즐거움이야 절제가 전체가 된다면 그만한 극락이 어디 있겠는가? 그 좌담을 읽은 순간, '바로 이것이다'라고 무릎을 치고 그해부터 해마다 '간 휴일'을 실시하고 있는데 정말 효과를 보았다.

'간 휴일' 열흘째 정도 되면 얼굴이 벌써 투명해지면서 그야말로 백옥이 따로 없음을 경험한다. 그리고 2년마다 있는 공무원 신체검사에서는 체중을 제외하고는 전혀 문제점이 없을 정도가 되었다. 그러다가 직무상(?) 술을 그렇게 오래 끊을 수 없는 처지에서 2년간 생활하다 보니 금방 간기능을 나타내는 감마 지피티(G.P.T)가 기준치 이상으로 올라가는 것이 아닌가? 그 직무에서 벗어나 약 2년 동안 '간 휴일'을 여축(餘蓄)없이 시행한 결과 이제는 정상을 되찾았다.

혹 술로 인한 후유증은 겁나나 술좌석의 즐거움은 탐나는 분들을 위하여 이 방법을 권한다.

전화 예절

전화라고 하는 것은 때와 장소를 가리지 않고 누구든 대화할 수 있는 편리한 물건이다. 요즈음은 휴대전화까지 나와서 그 편리함이 예와 비교가 되지 않는다. 그러나 그 편리해진 만큼이나 귀찮기가 끝간 데 없는 것이기도 하다. 의사소통의 수단이었던 전화가 이제는 의사소통을 지배하고 있는지도 모른다.

지금부터 10여 년도 지난 일인데 어느 공중전화 박스에서 빨리 전화를 끊으라고 시비가 붙어 결국 살인까지 빚어진 일이 있다. 이 사건으로 죽은 처녀의 부검을 지휘한 적이 있다. 정말로 애꿎은 죽음이었다.

오랜 만에 걸려온 친구의 전화를 받으니 저쪽에서는 여직원인 듯, 잠깐 기다리라며 전화를 들고 있게 한다. 하기야 촌음(寸陰)을 아껴 써야 하는 마당에 직접 전화 거는 동안에 다른 일을 볼 수 있을 것이라 생각하고 받기는 받는다. 그러나 이러한 전화는 상대방에 대한 예의가 아니라고 본다. 자기가 바쁘면 상대방도 바쁠 수 있는 것이다. 그리고 직무상 부하도 전혀 아니다. 누구에게 과시하기 위하여 그렇게 한다면 그것은 그야말로 졸장부에 지나지 않는다.

  나는 직무상이건 그렇지 않건 항상 직접 전화를 건다. 후배 검사에게 전화할 때도 이것은 철칙으로 지킨다. 혹 여직원에게 부탁하는 경우가 있을 수 있으나 그때는 언제나 상대방이 먼저 나오기 전에 바꾸도록 하거나, 대신 전화받을 사람이 있어 상대방이 직접 받지 않을 우려가 있는 경우가 아니면 직접 전화를 한다. 전화번호를 찾아 전화를 걸 만큼 한가하지 않은 직종도 있을 수 있다고 충분히 이해를 하나 문제는 전혀 그런 처지도 아닌데도 그런 경우가 많다는 것이다. 전화번호를 일일이 가까이 둘 수 없다면 비서에게 전화번호를 메모해 주도록 해서 전화하면 얼마든지 바로 전화할 수 있는 일이다.

  문제는 타인에 대한 배려의 마음이라고 본다. 처음에는 그런 불쾌한 전화에 대하여는 받지 않기도 했으나 그 또한 타인에 대한 배려가 아니라고 보아 지금은 일체 그런 일이 없다. 남이 해

IOI

주기를 원하는 대로 내가 하면 되는 것이지 모르는 사람에게 그것을 강요할 수도 가르쳐 줄 수도 없는 것 아니겠는가?

전 화   예 절

품위유지비

지금 우리가 사는 시대는 동양의 온정적 비합리적 생활양식이 서구의 합리주의나 종래의 관점으로 보면 몰인정(沒人情)한 것으로 비추어지는 생활양식으로 넘어가는 중간단계에 놓여 있다고 보아야 할 것이다. 예를 들어보자. 사회생활을 하는 중에 무언가 명쾌하지 못한 구석이 있다면 경조사(慶弔事) 등의 이른바 품위유지에 들어가는 비용도 그 하나가 아닌가 한다.

대부분 좋은 것이 좋다고 희생하는 편이 여러 가지 면에서 편하기는 하지만 일정한 룰이 없다는 생각을 지워버릴 수가 없고, 그를 위한 품위유지비는 가계의 정상적 흐름을 왜곡하는 경우도 있다면 지나친 말일까? 지금이야 모든 정치인들의 축(祝), 부의금(賻儀金)의 수수가 법으로 금지되어 있지만 그 비용산출(算出)을 위한 갖가지 묘안에는 차라리 눈물겨운 점도 없지 않았다.

이른바 품위유지를 위한 경조사 등의 비용이 어떻게 해서 이 지경에까지 이르렀는지, 청첩장에 버젓이 온라인 번호까지 등장하는 세태로까지 발전하였는지 모를 일이다.

내가 초등학교에 갓 입학하자마자 누님이 결혼을 했다. 1950년대 이야기다. 그때도 결혼비용이란 것은 그때 나름으로 부담스러웠다.

그런데 치부책(置簿冊)이 있는 것은 아니었지만 어머니께서는 '이번 결혼에는 응달 최씨 집에서 쌀 다섯 말의 막걸리가 들어오도록 되어 있고, 돌끝의 김씨 집에서는 또 몇 말의 떡국거리가, 학교앞 유씨 집에서는 잔치상을 가지고 올 것이다'라고 일일이 기억하시면서 그에 맞춰 준비를 하시는 것을 보았다. 그리고 실제로 지금도 생생하게 기억나는데 잔치하는 날 유씨댁에서 한복으로 정장 차림을 하고 큰 잔치상을 우리 집으로 들고오던 모습이 눈에 선하다.

세상을 살아가면서 청첩장에 "지난번 댁의 결혼식에 간 사실이 있습니다"라는 문구를 적어 넣듯이 주고받는 것을 칼로 무 자르듯 해서는 안 되겠지만 그래도 요즈음의 세태는 적당한 룰이 없는 것 같아 씁쓸하다.

품 위 유 지 비

인간적이라는 말처럼 이중적이거나 애매한 말도 드물 것이다. 우리의 전래의 경조사 비용 등은 앞서의 예에서 보는 바와 같이 전혀 몰인정하거나 룰도 없는 그런 것이 아니었다. 인간적이란 애매한 개념 하에 우리 전래(傳來)의 그것도 아니고 합리적이지도 않은 룰 때문에, 오늘도 일면식(一面識)없는 사람으로부터 같은 모임을 하고 있다는 이유만으로 청첩장을 받고 부담스러워하는 꽁생원이 나 하나만일까.

겸손하기

살아가다 보면 어떤 사상(事象)을 두고 다른 것과 비교하거나 평가하는 경우를 흔히 보게 된다. 크게는 나라간에, 작게는 형제간에 비교하기도 하고 나와 다른 사람을 비교해 보기도 한다. 그래서 교훈을 얻기도 한다. 논어에 나오는 반면교사(反面教師)라는 것도 결국 비교하면서 배운다는 것이리라. 그런데 설문조사에 의하면 어린이들이 제일 싫어하는 것 중의 하나가 다른 아이와 또는 형제끼리 비교하는 것이고, 흔히 교육학자들도 비교하지 말 것을 가르치고 있다.

비교하는 것이 싫다고 할 때 그것은 어떤 연유에서 기인할까를 한 번 생각해 보았다. 비교되는 상대, 즉 모델이 과연 모델로서 전혀 하자가 없는 것이면 모르되 세상 어떤 모델이라도 흠이 없는 경우가 과연 있을까. 미국이라는 나라, 일본이라는 나라는 항상 완벽한 모델이며, 아프리카의 나라들은 사람 살 곳이 못 되는 곳인지? 형제 중 하나는 모든 점에서 본받을 만한지? 그렇지는 않을 것이다. 비교해서 본을 받으라고 하는 것은 결국 비교를 통해 부각되는 자신의 결점을 고치라는 것이므로 개성을 가진 사람으로서는 썩 마음이 내키지 않는다는 것이 그 이유 중의 하나가 아닐까.

사람 사는 곳 어디 하나 크게 보면 섬 아닌 곳이 없다. 대륙도 결국은 섬 아니겠는가. 그러나 사람들은 사면이 바다인 것을 확인하지 않고는 섬인 줄 모르고 사는 꼴이다. 크게 보면 그것이 그것이다. 세상에 완벽한 모델은 없다. 다만 나 이외의 다른 것에서 내가 본받을 점이 하나라도 있다면 그것을 취하면 되고, 다만 남에게 그것을 강요하지 않으면 족하리라. 스스로는 남과 비교될 때 더 나은 쪽으로 고치면 되고 남에게는 이를 강요하지 않는다면 가히 군자라고 할 수 있지 않겠는가.

나에게도 남이 본받을 점이 있을 수는 있으나 경험에 의하면 그런 점을 부각시키거나 우쭐한 기분을 가지고 있을 때 후회할 만한 실수를 하는 것이 보통이었다. 그 자리에서 스타가 되려 하거나 어색한 분위기가 혹 자기탓이 아닌지 하는 생각 때문에 실

107

언이나 터무니없는 행동이 나오기 마련이다. 스타라는 인식, 그 자리의 분위기를 자신이 책임져야 된다는 인식이야말로 겸손이 부족한 데 그 원인이 있는 것은 아닌지 살펴볼 일이다.

될 수 있는 한 오른손이 하는 일을 왼손이 모르게 하라. 생색을 낸다는 것은 만화(萬禍)의 원인이다. 오늘의 실수 또한 돌이킬 수 없는 것이기는 하나 긴 인생을 두고 결코 만회하지 못할 정도이 기야 하겠는가. 그저 무심(無心)으로 실수를 되풀이하지 않을 각오만 해도 사람의 도리를 하는 것이 아니겠는지.

지나간 먼 시점에서 바라보면 별것 아닌 일인데도 현재의 입장에서 너무 집착하는 것 또한 시름의 원인이다. 현재의 실수에 너무 가슴 아파하는 것도 자신은 언제나 실수가 있을 수 있는 범인(凡人)이라는 사실을 모르는 데서 오는 건방진 결과일 수도 있다.

과공(過恭)도 금물이지만 기회가 주어졌음에도 불구하고 내 형편, 기분 때문에 의당 해야 할 일을 소홀히 하는 것 또한 기회를 이용하지 못하는 바보 같은 짓이리라. 공동생활을 파괴하는 또 하나의 마음의 적(敵)은 내가 이 조직에서 다른 사람보다 필요 이상으로 고생 또는 많은 부담을 안고 있다고 생각하거나, 다른 사람의 일보다 중요하다고 착각하는 데서 일어나는 수가 많다. 그

108

또한 겸손이 부족한 데서 오는 인과(因果)가 아닐는지.
해를 거듭할수록 사람 살기가 어려워진다는 생각이 자꾸 든다.

어떤 편지

젊은 시절에는 참 편지를 많이 썼다. 나이가 들어서도 말못할 사연은 편지로 대신하곤 했다. 또 처음으로 가족과 떨어져 지방 근무를 할 때는 초등학교 3학년인 큰아들과 갓 학교에 입학한 어린 딸이 받을 충격이나 혹 가정교육의 소홀함에서 오는 우려 때문에 번갈아가면서 거의 매일 봉함엽서로 편지를 쓰던 기억이 새롭다.

나에게는 해묵은 편지 두 통이 있다. 하나는 큰아들이 태어나기 일주일 전쯤 그러니까 1984년 10월말 경 아들에게 쓴 편지이다.

지금 네가 있는 어머니 뱃속은 아마도 너의 전 생애를 통하여 가장 편안한 장소일 거야. 아들아, 곧 태어나 부딪치게 될 세상에서 살아남기 위해서는 무엇보다도 질서와 예의를 지키는 것

이 필요하단다. 이 아버지는 무엇보다도 '노력하는 사람의 모
습'을 너에게 일생 보여주고 싶다.

  얼마나 그 약속이 지켜지고 있는지는 모르겠으나, 지금도 가끔
007가방에 들어 있는 그 편지를 꺼내 읽으면 그때의 일이 새삼스
럽다.
  또 한 통의 편지는 내가 광주지방 검찰청에서 서울로 발령을
받았을 때 평소 나를 친자식 이상으로 아껴주시던 분이 보내주신
편지다.
  이 편지에 그분은 일본 고대문 〈쯔래즈래쿠사〉에 나오는 이야
기를 적어 보내주었다. 그 이야기 속에서 나무타기를 가르치는
스승은 제자에게 나무의 제일 위험한 곳에 오를 때는 아무 말이
없다가 다 내려와 안전한 곳에 이를 때쯤 조심하라는 말을 했다.
제자가 스승에게 그 까닭을 물었더니 위험한 곳은 모두 조심을
하지만 위험하지 않은 곳은 방심하기 쉽기 때문이라고 스승은 대
답했다. 어느 곳에 가더라도 처신을 각별히 조심하라는 당부의
말씀을 그 일화에 빗대 알려주신 것으로 나는 짐작하고 있다.
  나는 지금도 그 편지를 꺼내 읽으면 마음이 훈훈해진다. 그러

III

고 보면 편지는 번거로운 만큼이나 정성이 담겨 있고, 따라서 상대방에게 속마음을 가장 자연스럽게 그리고 진실하게 전달하는 한 방법이 아닐까 싶다.

인간에 대한 예의

대학 시절의 일이 생각난다. 1972년 10월 유신의 바로 한 해 전, 부정부패, 교련반대 데모가 가열되던 가을이었다. 특정대학을 대상으로 위수령이 내려지고 군대가 교내에 진군하고 놀란 가슴으로 도서관에서 공부하다가 영문도 모르게 붙잡혀 당시의 수도경비사령부로 끌려갔다. 수경사 정문에 하차하자 도열한 군인들은 강당까지 끌려가는 우리들의 정강이 부분을 군화발로 정확히 그들 수만큼이나 찬다. 기능의 우수함에 또 한 번 놀란다.

  수경사 강당에는 앞서 끌려온 학우들로 이미 만원이고, 데모주동자를 찾아내려는 그들의 집요한 추궁에 시달리고 있다. 배가 심히 나오고 자식을 두어도 한참 두었을 나이로 보이는 전투복차림의 보안대 상사풍의 군인 하나가 공무원을 아버지로 둔 친구의 코와 머리부분을 구둣발로 살살 문지르고 있다. 온갖 모욕적 언사와 더불어 순간 그가 참 불쌍하다는 생각이 스쳐지나갔다. 저런 심성으로 자식은 어떻게 훈육하고 가르치는지.

하기야 언제부터인가 얼마나 예의가 없으며, 모질게 사람을 대하고, 그리고 탈법을 자행할 수 있느냐 하는 것이 개인의 경쟁력인 듯 착각하는 사회가 되어버렸다. 합목적만 강조되고 절차의 위법은 가볍게 취급되는 것을 사회 도처에서 목격하게 된다.

어제까지 한 테이블에서 윗사람의 예(禮)로 대하던 사람을 노사협상의 자리에 들어서면 붉은 띠를 매야 하고 함부로 말을 해야 하는지. 얼마 전까지 살을 맞대고 살던 사이인데도 이혼하는 마당이라고 법원앞 대로에서 웃통을 벗어던지고 머리칼을 쥐고 흔들어야 하는지. 마음에 들지 않는 방송을 한다고 신도들을 무더기로 끌고 나와 도로를 점거하고 이 세상에서 제일 모진 말들만 모아서 떠들어대는, 종교의 자유를 빙자한 사이비 종교행태 또한 마찬가지리라.

사람이 사람답다는 것은 상대를 측은지심(惻隱之心)으로 바라보아야 한다는 것이다. 측은지심이야말로 예의의 본이 아닌가. 측은지심의 바탕 없이 학생을 구둣발로 코를 문지르는 심성으로 하루아침에 자식에게 예의를 가르치는 아버지로 돌아올 것 같지가 않다. 헤어지는 사람이라고 대로(大路)에서 가슴을 풀어헤치고 상대의 멱살을 잡을 수 있는 사람이라면 같이 살면서도 서로를 이해하면서 양보하고 오순도순 그렇게 살아갈 수 있을 것 같지가 않다. 어제까지의 상사를 노사협상의 자리라고 해서 갖은 모욕을 하는 것을 협상력으로 판단하는 사람이 설사 조금 이득을 얻었다고 해서 둘 사이의 감정의 골이 패이고 나서 회사를 향후 어떻게 끌고 갈지 두렵기만 하다. 종교를 빙자해서 어떤 말과 행동도 할 수 있다면 그런 사람이 다른 사람을 구원한다는 것도 또한 쉽지가 않을 것이다. 이 세상에는 아무리 절박해도 절대로 하지 말아야 할 일이 있다고 믿는다.

 새해에는 예의가 강물처럼 흐르고 갈등이 사라지는 사회가 되었으면….

아름다운 조화

오래 전이지만 마냥 도덕 군자인 듯 말씀하시는 분이 계셨다. 한국사람(그분은 언제나 '우리나라 사람'이라고 하지 않고, '한국사람'이라고 불렀다)의 단점이라는 단점은 다 모아 비난을 한다. 대부분 옳은 말씀이었다. 우리는 주위에서 그런 류의 이야기를 하는 사람들을 흔히 목격하게 된다. 내 자신도 그런 부류일 수가 있다. 그러나 최소한 내가 잘못인 줄 알고 있는 부분에 대해서는 잘못을 되풀이하지 않으려고 노력하고 있다. 그런데 우연히 함께 식사를 하고 돌아오는 길에 그분은 피우던 담배를 하수구 구멍으로 무심코 던져버리지 않겠는가. 그것을 목격한 후로 그분에 대한 존경을 반쯤은 회수하기로 하였다.

우리는 흔히 대부분의 사람들은 잘하고 있는데 극히 일부가 문제일 뿐이라는 이야기를 듣곤 한다. 맞는 말이다. 온통 도둑 천지인 것 같아도 도둑질을 하는 사람은 극히 일부일 뿐이다. 질서를 지키지 않는 사람이 많은 것 같아도 지키는 사람의 비율이 훨씬 더 많음은 주지의 사실이다. 그렇지만 어떤 점에서 각 나라, 어떤 집단마다의 고유한 색깔, 특유한 전체 모양이 나타나기 마련이다. 이는 꼭 카드섹션 놀이를 보는 것과 같다. 극히 단조로운 개인의 행동이지만 전체로서의 집단에서는 하나의 조화로서 그 모습이 나타나기 마련인 것이다. 전체로서의 색깔, 형태 말이다. 어느 정도의 비율까지는 흐트러져도 전체 모양이야 변함이 없겠지만 그 이상을 넘어서면 전체의 모습까지도 바꾸어버리게 되는 것이다.

 우리 전체의 모습, 그 조화에 나는 어떤 역할을 하고 있는 것일까. 나 하나쯤이야 하고 무심코 하는, 조화를 훼손하는 행동에 그 전체 모습이 일그러지는 것이다. 고급승용차를 점잖게 운전하는 사람이 갑자기 창문을 열고 담배꽁초를 버리고 있다. 모르긴 해도 기초질서 하나 지키지 못하는 저런 사람이 우리나라 사람의 단점이라는 단점은 입에 게거품을 물고 흥분하고 떠들지, 하는 상상을 해본다. 자신의 단점은 보지 못하고, 아니 스스로 감히 잘못을 저지르면서 남의 허물만 목청 높여 지적하는 사람이나 단체가 너무 많은 세상이다.

 '질서는 편한 것'이라는 말이 있지만, 원래 질서를 지킨다거나 룰을 지키는 것, 나보다 전체를 먼저 생각한다는 것 등은 편한 것이 아니라 불편한 것이다. 하염없이 늘어선 귀성차량을 뚫고 고속도로 갓길을 달리면 얼마나 편하겠는가. 그러나 스스로가 불편하여야 남이 편한 것 아니겠는가.

 초임 검사시절, 모셨던 검사장께서 검사의 좋았던 시절에 관하여 들은 풍월을 말씀드렸더니 "검사를 비롯한 공무원이 자꾸만 불편해지는 사회, 그것이야말로 민주화로 가고 있는 증거이니 불편하다 생각 말고 일이나 열심히 하라"고 충고하시던 말씀이 생각난다. 검사의 명리(冥利)를 누릴 때마다 곰곰이 나 스스로의 모습을 되돌아보게 만든 평생의 가르침이었다.

 특권이 하나하나 사라지는 사회, 섭섭하기는 해도 그 불편을 서로 나누어 가지는 사회가 되어야 하지 않겠는가.

아름다운 조화

보기(Bogey) 인생

아마추어 골프에 "보기(bogey)가 보기보다 어렵다"는 우스개 말이 있다. 멋지게 파온을 시켜 투퍼트, 또는 원퍼트로 마무리하면 얼마나 좋겠는가마는 그것은 더더욱 어렵다. 그럼에도 불구하고 골프를 하는 아마추어들은 어떤 상황이든 그런 멋진 상상으로만 골프를 치다가 낭패를 당하곤 한다. 끊임없이 반복되는 실수에도 자신의 능력은 뒷전인 채 그런 최상의 장면만 머리에 그리면서 플레이한다. 그러다가 우연히 한두 홀은 좋은 결과를 얻기도 한다.

그러나 아마추어들은 '계산된 보기'가 우연한 파나 버디보다 대부분 종국에는 더 좋다는 사실을 알면서도 실행에 옮기지 못한다. 능력과 기능에는 분명히 한계가 있음에도 사람들은 문득문득 그 한계가 없는 것으로 착각하는 경우가 있다. 우연(偶然)한 결과나 무리(無理)한 결과를 스스로의 능력범위 안에 있는 것이라고 착각한다는 말이다. 행운이란 항상 따라다니는 것도 아닐 뿐만 아니라 대저 능력이 없으면 행운도 흔히 따라오지도 않는다.

그런데 자신의 능력을 알고 이를 실행에 옮기는 것이 누구에게나 모두 있는 욕심을 단지 내지 않는 것일 뿐이기 때문에 쉽게 보일지 모르나, 거기에는 유혹을 이기는 절제심(節制心)이 따르지 않으면 쉽지 않다. 약간의 행운만 따라준다면 심지어 거의 불가능한 상황임에도 자신에게만은 큰 행운이 함께 해서 멋진 결과를 얻을 수 있으리라는 기대감으로 감히 실행에 옮기는 경우를 우리는 흔히 목격하게 된다. 나 자신도 거기에서 결코 예외일 수 없다. 단지 '앞으로는 그렇게 하지 말아야지' 하고 오늘도 후회할 뿐이다.

절제나 능력이 따르지 않는 행운이란 그렇게 오래 가지도 않을 뿐만 아니라 매번 있을 수도 없는 것이다. 어쩌다 행운을 잡아 능력에 부대끼는 보직(補職)을 받아보지만, 희생을 감내(堪耐)할 수 없는 사람에게는 이른바 요직(要職)은 수신제가(修身齊家)에 방해물일 뿐이라는 사실을 우리는 심심찮게 보아오는 터이다.

혹 신문 등에 자신의 능력에 맞지 않다는 이유로 요직발령을 사양하는 기사가 나는 것을 한 번쯤 보았으면 하는 헛된 꿈을 꾸어본다.

보기(Bogey) 인생

개혁증후군

정권이 바뀌면 언제나 나오는 명제가 개혁이다. 개혁이란 어떤 것이기에 이른바 기득권세력들은 싫어하는 것으로 보이고 소외계층들은 환영하는 것일까. 개혁은 모든 계층에 좋을 수는 없는 것인가. 문득 외국 잡지를 읽다가 이와 관련된 재미있는 이야기가 있어 스스로도 공감하는 바이기에 내용을 정리해 본다.

개혁이라는 것은 현재가 위기이기 때문에 필요한 것이다. 위기라는 것은 성공에 부수해서 항상 생기는 것이다. 한때 성공했다고 해서 영원히 성공할 수는 없고 끊임없는 개혁이 수반되어야 한다는 뜻이리라. 그래서 국가나 인생이나 항상 고난의 연속이고 죽을 때까지 노력해야 되는지도 모른다. 흔히들 역사상 태평성대라는 말을 한다. 그것은 태평성대가 항상 계속되지는 않기 때문에 생겨나는 말일 것이다. 위기를 만회하기 위해서는 단순히 위기로부터 탈출하는 것이 아니고 장래에 알맞은 신체제를 구축하는 방향으로 위기를 탈출해야 한다. 나라나 개인에게 위기가 닥쳤는데도 개혁하지 않으면 기득권 세력이건 소외계층이건 모두에게 손해이다. 그렇다면 왜 항상 개혁에 반대하는 계층이 있는 것인가. 기득권계층이 상대적으로 더 양보해야 하기 때문일까.

위기에 직면해서는 강력한 리더가 필요하다. 그래서 모든 것을 그 사람에게 맡길 필요가 있다. 개혁하는 사람의 책무는 개혁이라는 것이 좋은 것이라는 것을 확실히, 분명하게 국민들에게 알릴 필요가 있는 것이다. 흔히 개혁에는 아픔이나 손해가 따른다고 하는데, 개혁에 우선 아픔이 따른다는 것을 모르는 사람이 없다. 그럼에도 개혁하는 사람들은 개혁의 고통만 이야기하고 개혁을 하면 무엇이 좋은지를 누구도 명쾌하게 설명하고 있지 않다.

전장에서 지휘자가 최우선으로 하지 않으면 안 되는 것은 아군들에게 적의 모습을 확실히 보여주는 것이다. 보이지 않는 적만큼 두려운 것은 없다. 작금의 개혁은 개혁을 일종의 "보이지 않는 적"으로 만들고 있다. 그래서 두려워하는 것이다. 앞으로 200m만 가면 터널(개혁의 아픔)이 끝나지만, 터널이 굽어 있기 때문에 출구가 보이지 않는다. 200m만 가면 된다는 것을 아는 국민들은

개혁증후군

출구가 보이지 않더라도 걷기 시작한다. 그런데 앞으로도 300m를 걸어야만 한다는 것을 국민들이 이후에 알게 된다면 틀림없이 욕을 먹을 것이라는 우려 때문에 처음부터 설명하기를 포기하는 것이 나쁜 것이다. 걷다 보면 물이 새는 곳도 나올 곳이고 아니면 100m 돌아갈 길이 필요할 때도 있을 것이다. 그럴 때는 그렇게 설명을 하면 되는 것이다. 국민들은 반드시 납득을 할 것이다.

잘 나갈 때는 설명할 필요가 없다. 잘 나가지 못할 때만 설명하고 이해를 구하면 되는 것이다. 그런데 왕왕 잘 나갈 때만 설명하고 싶은 것이 위정자들의 마음이다.

지금이 성공한 때라면 그 나름대로 위기이고, 위기라면 개혁은 필요한 것이다. 개혁을 독점적 지위에서 바라보려고 하는 것이 잘못인 것이다. 온 국민이 바라는 개혁, 온 국민에게 득이 되는 개혁이라면 사회지도층이라고 해서 뼈를 깎는 아픔을 겪을 필요도 없고, 좀더 양보해서 이를 환영하고 개혁의 득을 함께 누리면 된다는 것을 설명하는 것이 진정으로 개혁하려는 사람들의 의무라고 본다.

나 자신도 일종의 기득권층인지도 모른다. 그러나 개혁의 당위성까지 부인하는 멍청이는 아니다. 다만 개혁의 불안감을 조금이라도 덜기 위해서 다른 사람보다 좀더 양보하는 것이 좋겠다고 지레 다짐을 하고 있는 것일 게다.

제II부

가정과 나

아내와 애인

일전에 〈애인(愛人)〉이라는 텔레비전 연속극이 장안의 화제에 오른 적이 있다. 이 드라마의 내용은 유부남 유부녀가 서로 우연히 만나 사랑을 하게 되고 거의 파경 직전까지 이르렀다가 다시 가정으로 돌아간다는 이야기다. 다분히 한국적인 끝맺음으로 무리가 없었다.

애인이 생기면 아내에게보다는 일순간이지만 더 애틋한 감정을 가질 수 있겠다는 것은 충분히 짐작이 간다. 오래된 영화지만 명우(名優) 잭 레먼이 주연하는 〈아파트 열쇠를 빌려줍니다〉에 그런 내용이 나온다. 갖은 고생(?)과 정성을 다해 애인을 사귀지만, 그래서 이혼해서 애인과 같이 살 것같이 처음에는 말하지만 그것은 순간일 뿐, 이 핑계 저 핑계를 대면서 애인만 바꾸고 이혼은 하지 않는다.

128

결혼해서 오래 살다 보면 연애시절 밤새워 생각하고 쓰던 그런 애틋한 감정을 되돌리기는 어려울 것이다. 간혹 연애하는 것처럼 산다는 부부도 있지만 영원히 그럴 수는 없고 또 그래서도 안 된다고 나는 생각한다. 연애를 할 때는 결혼도 하기 전이고 이것저것 고려할 것도 별로 없을 때다. 그저 연애 한 가지만 생각해도 다른 사람에게 피해가 가지 않는다. 그러나 나이 사, 오십이 되면 이제는 다르다. 하루종일 달콤한 생각만 하고 지낼 수가 없다. 만약 그런 생각만 하고 산다면 사회에서 도태되고 처자 밥 굶기기 십상이다. 그렇다고 이 나이 됐다고 연애감정까지 사라지는 법은 없을 것이다.

애인에 대하여 느끼는 감정의 맛이 콜라 맛에 비유된다면, 아내의 그것은 냉수쯤으로 비교할 수 있을까. 콜라 맛이 아무리 비방(秘方)이 있다 한들 등산중에 땀에 젖어 마시는 냉수나 새벽잠을 깨고 마시는 자리끼 맛을 어떻게 따를 수 있겠는가. 그런 곳에 콜라는 어울리지 않는다.

달콤한 게 지나쳐 몸을 망치지 않는 것이 어디에 있겠는가. 콜라 맛이 있어 역시 두고두고 마실 냉수가 그 맛이 변함이 없고, 몸과 정신이 다 같이 유익한 것이라면 굳이 콜라 맛의 존재도 타기(唾棄)할 것은 아니지 않겠는가.

공부가 가장 쉬웠어요

《공부가 가장 쉬웠어요》, 공부를 하기 싫어하는 아들에게 한 번 읽어보라고 샀는지 아내가 사 가지고 와서는 나더러 자꾸만 읽어보라고 권하던 책의 제목이다. 대충 어떤 내용인지는 신문에 난 광고를 보고 알고 있었고, 그보다도 제목이 마음에 들지 않아 시큰둥한 반응을 보이고 읽어보지도 않았다. 아마 책의 내용은 온갖 사회의 밑바닥 생활을 전전하다가 어렵게 공부를 하여 일류 대학에 합격했다는 해피엔딩일 것이라 지레짐작하고 있었다. 그래서 읽어보지 않았다기보다 읽어보나마나 한 것이라고 생각했는지 모른다.

   공부가 가장 쉽다니? 아마 그것은 그 사람의 생각일 것이다. 나도 한때는 공부밖에 모르던 시절이 있었다. 등수(等數)가 문제가 아니라 공부가 제일로 재미있어 매일밤 서너 시간 자고 밤새워 공부해도 전혀 피곤한 줄을 몰랐다. 그러다 어느날 갑자기 그렇게 열심히 하지 않아도 되겠다는 생각이 들었고, 공부 말고도 재미있는 일이 있다는 것을 알고부터 공부에 게을러지기 시작했고, 나중에는 공부가 정말로 하기 싫었다.

그때는 존재(Zein)로서가 아닌 당위(Sollen)로서의 공부가 시작되었고, 당연한 결과지만 의무감의 공부가 신날 리 없었다. 마음이 우러나 습관적으로 탄력이 붙어 하는 공부가 '오늘 하지 않으면 내일 좀 열심히 하면 된다'는 식의 공부로 변해버린 것이다.

정말로 공부만큼 어려운 일도 없구나 하는 생각뿐이었다. 흔히들 육체노동의 가장 전형으로 노가다(건설노동자)를 꼽는다. 한때는 노가다가 그렇게 부러울 수가 없었다. 요즈음이야 밤에도 불 켜놓고 건설현장이 돌아가지만 그 시절 대부분의 노가다는 해가 떨어지면 저녁밥 먹고 아내를 끌어안고 자면 그만이었다. 그러나 공부는 낮과 밤이 없다. 오히려 해 떨어지면 조용하다고 더 공부해야 한다. 인간의 머리가 녹음기는 될 수 없으니 외우면 또 까먹고 또 외워야 하고 그렇게 끊임없이 공부를 해야 한다. 그런데 공부가 제일 쉽다니, 그런 가당찮은 말이 어디 있단 말인가. 어떤 의미로서는 공부가 제일 어려운 일인지도 모른다. 공부가 죽어도 하기 싫은 사람에게는 말이다.

　공부가 가장 쉬웠다는 것은 공부 그 자체가 가장 재미있는 사람의 이야기일 뿐이다. 공부 아니고도 이 세상에는 너무나 많은 일들이 있다. 보람있는 일이고 가치 있는 일이라면 꼭 공부가 아니라도 가장 쉬운 것, 즐거운 것이 될 것이고, 아니 어떻게 보면 그것 모두가 공부인지도 모른다.

　오늘 새벽에도 나는 어김없이 중학교 2학년인 아들에게 수학을 가르치면서 "이놈아, 어려운 수학문제를 풀었을 때의 즐거움이 네가 좋아하는 컴퓨터게임보다 사실은 더 재미있다는 것을 왜 모르느냐"고 핀잔을 주었다. 그러면 아들은 설마 하는 눈치로 '에이' 하면서 나를 쳐다본다. 그리고 보면 이 세상에는 학교 공부 말고도 정말로 해야 할 공부가 참 많다는 생각이 든다.

정(情)이란

살다보면 그 놈의 정 때문에 판단이 서지 않을 때가 더러 있다. 우리는 흔히 인정상 그럴 수 없었노라고 변명하는 경우가 많다. 직무와 관련해서도 공사(公私)를 분명하게 법대로 처리했다가는 인정머리 없는 놈으로 낙인찍히는 경우도 허다하다.

가끔씩 공사분별(公私分別)의 대표적 사례로 왕왕 거론되는, 구속된 친척의 구명운동을 하러 검찰청에 들렀다가 검사로부터 면박을 받았다든지, 아들을 자신의 손으로 구속시켰다든지 하는 따위의 사례를 듣게 되는데 나는 그런 사례들을 싫어한다. 그것은 어려움을 호소하러 떨어지지 않는 발걸음으로 어렵사리 찾아간 사람에 대한 예의도 아닐 뿐 아니라 자식을 훈계하는 방법도 꼭 자신의 손이 아니라도 얼마든지 가능한 일인데도 너무 정 떨어지게 그럴 것까지 있겠느냐 하고 생각하는 편이다.

어려움을 호소하러 간 사람에게 사건 처리의 기준을 이야기하는 등 사정을 들어줄 수 없는 검찰내부의 사무처리 기준을 설명해 줄 수는 있으나 면박을 줄 권한은 애초부터 없는 것이다. 물론 긴 안목으로 그와 같은 청탁의 여지를 싹부터 없애려면 그럴 수 있을지 모르겠으나 백 번을 양보해도 그러한 사정을 이해시키는 방법으로는 인정(人情)상 그럴 수 없는 것이다.

한편으로 생각하면 개인적인 사정을 들을 기회로 보아 어떤 결정을 하는 데 필요한 과정쯤으로 생각하고 들어주는 편이 오히려 낫다. 정을 모든 부조리의 온상으로 생각하는 것은 동양적 사고에서는 이해하기 어려운 점이 있다고 보인다.

세상을 살다보면 좀 손해보는 편이 정신적으로는 편한 경우가 많다. 개인주의와 합리주의가 극단으로 가다 보면 부모자식간에도 아마 경제적으로 손해 가는 일은 하지 않을 것이 아니겠는가. 모르긴 해도 회식이 많이 없어질 것이고 땡 하면 집으로 돌아가는 모습만이 보일 것 같다. 그렇지 않으면 음식점 카운터에 줄줄이 늘어서서 자기 몫을 계산하는 진풍경이 새로운 풍속도로 자리 잡을 것이다. 개인적 부담을 줄이면서도 공동체의식을 키워 가는, 극히 조화를 이루기 어려운 세상이 되어 가는 것만 같다.

정이란

잡기(雜技)를 하지 않는 이유

나는 화투놀이를 할 줄 모른다. 화투에 흥미를 느끼지도 못할 뿐만 아니라 애써서 배우려고 하지도 않는다. 아마 내가 잡기를 싫어하는 가장 큰 이유는 천성이 경쟁을 싫어해서일지도 모른다. 아니 더 정확히 말하자면 내기에 이기거나 졌을 때, 마음의 흔들림을 정리해야 하는 인격의 미성숙(未成熟)에 스스로 화가 나기 때문이다.

이기면 이기는 대로 상대방 입장에서 고민하게 되고 또 지면 지는 대로 이제 나의 입장이 되어 이런 문제 때문에 평상심(平常心)이 흔들리는 자신의 그릇에 화가 난다. 시중의 떠도는 우스개로, 판사나 교수가 고스톱을 해서는 안되는 이유가 재미 있다. 화투로 돈을 따면 명예를 가진 사람들이 없는 사람 돈까지 가져간다고 하고, 돈을 잃으면 간단한 셈본도 못하는 사람이 어떻게 사람을 재판하며 상아탑에서 학생을 가르치는가 한다던가.

　세상을 살다 보면 남과의 경쟁이 없을 수 없을 것이고, 그것은 또 개인이나 전체 인류발전의 원동력이 될지도 모른다. 그러나 천성상 싫은 것은 어쩔 수가 없다.

　그런데 내가 꼭 경쟁하고 자그마한 액수지만 내기를 하는 게임이 있는데 그것은 골프다. 골프를 특별히 잘 쳐서가 아니고 사실 잘 치지도 못한다. 골프는 남과 비교는 되지만 그것은 자기의 능력이 어디쯤 된다고 사전에 설정을 하고 하는 것이니까 프로가 아닌 한 절대적인 비교를 당하지 않아도 좋다. 그것은 그야말로 자신의 이미 설정된 능력에 얼마나 부응하느냐 하는 자신이 스스로 한 약속을 지키기 위한 자신과의 싸움일 뿐이다.

　그런데 사람들은 프로의 세계, 즉 자신의 돈벌이, 자신의 직업과는 전혀 관련이 없는 그런 잡기에 너무 집착하는 나머지 정작 경쟁해야 할 곳에는 전혀 정력을 쏟지 못하고 무너져버리는 것을 흔하게 볼 수 있는데 너무나 안타까운 일이다.

　기왕 내기를 한다면 돈을 잃든 따든 전혀 흔들리지 않았으면 좋겠고, 만약 평상심으로 잃은 돈에 연연한다든지 하는 범인(凡人)이라면 아예 내기를 가까이 하지 않는 편이 좋다고 본다.

잡기를 하지 않는 이유

자식 교육의 중요성

자식 하나를 키워도 열 자식 부럽지 않게 키우고 싶은 것이 이 세상 부모들의 한결같은 마음인데, 비행을 저질러 내 앞에 수갑을 차고 고개를 떨구고 있는 소년을 만날 때도 있다. 이런 경우 가정의 여러 상황을 살펴보기 위해 보호자를 부른다.

  나는 보호자가 보는 앞에서 소년에게 부모의 이름이나 조부모의 이름, 또는 본적지를 한자로 써보라고 종이와 볼펜을 쥐어준다. 보호자 입장에서는 설마 자신의 아들이 아버지 이름을 못 쓰겠느냐, 저 검사 양반 참 이상한 테스트도 다 하는구나 하고 의아한 표정을 짓기도 한다. 그러나 보호자의 기대도 한순간뿐, 아들은 자신과 한자가 같은 아버지 성(姓)만 겨우 쓰고는 멍하니 머리만 긁적이고 있다. 조부모나 본적지는 아예 모르는 경우가 십중팔구다.

더욱 가관인 것은 조부모는 자신이 낳기 전에 돌아가셨기 때문에 알 수 없다는 대답을 태연하게 한다. 그때마다 나는 보호자에게 이 자식의 비행이 어디에서 연유했는지를 알겠냐고, 예의 등 공부 한 자 가르치는 것보다 더 중요한 자식교육이 어디에 있겠느냐고, 스스로도 자격 없는 질문을 해 본다. 사람의 본성이 원래 선하든 악하든 후천적 교육이 중요함은 말할 필요가 없고, 그 중 인성교육의 중요한 부분이 가정교육에 있음은 자연법칙만큼이나 엄격하다는 것이 나의 소신이다.

　오늘도 검사 앞에서 자식의 잘못 때문에 얼굴을 들지 못하는 사회 각계각층의 사람들을 대한다. 그것이 마치 못난 자식의 잘못인 양. 그렇지만 그것은 부모는 자식을 비추는 거울이라는 말처럼 분명히 자신의 잘못이다. 거울은 있는 그대로를 투영하는 것이지 의도적으로 굴절시키는 것은 아니지 않는가.

자식 교육의 중요성

아내를 야단치지 못하는 이유

아내를 생각하면 왠지 불쌍하다는 생각이 든다. 가끔씩 잠을 설쳐 한밤중에 눈을 뜰 때가 있다. 옆에 자고 있는 아내의 모습을 가만히 들여다보고 있노라면 나를 만나 참 많은 고생을 하고 살았구나 하는 연민의 정이 들 때가 많다. 좀더 잘 해줄 수도 있었는데, 좀더 유족(裕足)한 곳으로 시집갔더라면 추위를 유난히 많이 타는 아내가 따뜻한 나라에서 겨울을 보냈으면 하는 소원도 풀고 해외여행도 많이 다닐 수 있었을 텐데 하는 이런 저런 생각 때문이다.

그러나 평소 내가 아내를 야단치지 못하는 이유는 그런 연민의 정 때문이 아니라 다른 데 있다. 결혼 후 오랜 기간 아내와 함께 생활해 오면서 나의 약점들이 너무나 많이 노출되었기 때문인 것이 그 진짜 이유이다. 정 들다보면 할 소리 안 할 소리 다 하게 되고,

특히 부부가 오래 살다 보면 미운짓 고운짓도 서슴없이 하게 되는데 야단을 쳐보았자 그놈의 영(令)이 서지 않을 것 같아서이다.

  우리 선친께서는 그 시절에 능력이 있는 경우 흔히 그랬듯이 소실을 두고 한 달에 한 번 꼴로 시골집으로 내려오셨다. 그런데 오실 때마다 어떻게 그렇게 어머니에게 야단을 잘 치시든지 지금 생각하면 참으로 후안(厚顔)이었다는 생각이 든다.

  그런데 나는 미운 정 고운 정 다 들고 약점까지 속속들이 아는 아내에게 금세 안면을 바꿔 아무렇지도 않은 얼굴로 야단을 친다는 것이 어쩐지 쑥스러워 그렇게 하지 못하는 것이다.

사랑의 매

오늘도 나는 아들과의 전쟁을 시작한다. 어제 새벽에 분명히 가르쳐준 문제인데도 조그마한 성의 부족 때문에(나는 그것이 절대로 자식의 능력 부족이라고 생각하지 않는다) 모르거나, 문제를 잘 읽지 않아 간단한 단 자리 숫자의 합도 틀리게 대답하고 한 번 더 생각해 보라는 경고를 발할 때라야 겨우 답을 맞추는 아들에게 어김없이 매를 드는 것이다.

어떤 때는 화가 치민 나머지 기절(?)할 정도로 폭력에 가까운 매를 들 때도 있다. 매를 들고 나서는 애가 두고두고 커가면서 원망이나 하지 않을까 은근히 걱정을 해보지만, 걱정스런 나머지 학교에 갔다온 아들에게 전화를 하면 아들은 언제 그런 일이 있었느냐는 듯이 반갑게 전화를 받는다. 그런 아들이 무척이나 고맙기만 하다. 여느 사이라면 때리고 맞는다는 행위 자체가 철천지(?) 원수가 될 만한 폭력이지만 아무런 감정이 남지 않고 봄눈 녹듯 응어리가 사라지는 것은 아비의 매의 근저에 사랑이라는 묘약이 깔려 있다는 점을 이 녀석이 이미 알고 있어서인가.

가정뿐만 아니라 직장, 일반 사회생활에서도 남에게 야단을 치거나 비난을 할 수도 있다. 그러나 그때마다 느끼는 문제는 과연 그 야단, 그 비난에 사랑이 깔린 경우가 얼마나 있느냐는 것이다. 그저 자기 흥분을 이기지 못해서, 그렇지 않으면 너 이 기회에 한 번 죽어보라는 기분에서 야단치고, 비난하지는 않았는지 한 번쯤 생각해 볼 일이다.

사람이란 묘한 구석이 있어서 그 비난의 기저에 무엇을 깔고 있는지에 따라 상대방이 느끼는 강도나 기분은 큰 차가 나고, 두고두고 원망을 남기거나 돌이킬 수 없는 깊은 감정의 골 속으로 빠져들기도 한다.

자식에게 필요한 것은 사랑의 매다. 그리고 그것이 결코 자신의 분을 참지 못하거나 욕심을 채우려는 불순한 동기에서 휘두르는 매여서는 안 된다.

민주사회에는 다양한 가치관이 있고 하나의 사물을 두고도 다른 평가들이 얼마든지 있을 수 있다. 그러나 그 평가들이 얼마나

사랑의 매

바닥에 애정을 깔고 평가 대상을 바라보느냐에 따라 그 사회의 민주화의 성숙도를 판단하는 자료가 될 것이다. 그러나 우리 사회는 불행하게도 비난을 위한 비난이 난무하는 것 같아서 안타깝다.

곶감이야기

초등학교 시절, 몇 학년 교과서에 나오는지는 모르겠으나 아마도 저학년 교과서였던 것 같다. 어느 내용에 울며 보채는 아이를 달래는 어머니가 방안에 그림자로 비치고 밖에는 호랑이가 문 앞에 쭈그리고 앉아 있는 삽화가 있었다.

나는 그 시절 반에서 그렇게 공부를 못하는 축에 들지는 않았지만 사실은 곶감이야기가 말하고자 하는 속뜻이 무엇인지 잘 모르고 있었다. 그저 그때는 왜 어린이는 호랑이보다 곶감을 더 무서워하는 것일까 하는 의문을 가졌을 뿐이다. 그로부터 세월이 흘러 어린이가 울음을 그친 것이 곶감이 무서워서가 아니라 달콤한 맛 때문이었다는 이야기의 진의는 중학교에 들어가서야 겨우 알게 되었다. 참고서도 변변한 것이 없던 시절, 아마 선생님은 선생님 나름대로 너무 뻔한 내용이라 설명이 필요 없을 만큼 단순하다고 치부했는지도 모르겠다.

　위의 우화는 초등학교 시절에 당연히 파악하고 있어야 할 정도로 볼 수밖에 없는 간단한 이야기지만 살다 보면 지난 일들이 당시와는 달리 새롭게 해석되는 것을 종종 겪게 된다.

　벌써 내 나이 오십, 어쩌면 초등학교 시절의 판단력이나 분석력에서 더 나아진 것이 없는지도 모른다. 그러나 그 동안 끊임없이 생각을 고쳐먹고 남을 이해하려고 노력하는 과정에서 하나의 사물을 나이에 걸맞게 보는 눈으로 자신도 모르는 사이에 성숙한 것은 아닌지 생각하게 된다.

술은 기분 좋을 때

나는 스스로는 술을 좋아하는 사람으로 생각하지 않는데 주위에서 술을 좋아하고 많이 마시는 것으로 평가하는 것 같다. 그러나 그런 평가에 대하여 스스로 억울해 한다거나 변명해 본 적은 없다. 그런 평가가 바로 내 모습, 내 일상 태도의 누적에서 나온 것임에 다름 아니기 때문이다. 다만 술을 마시되 항상 금도(襟度)와 절제(節制)라는 것을 생각하는 편이고, 될 수 있는 한 원칙을 세워 마시려고 노력하고 있다고 자부한다.

나는 평소 아침 기상시간이 4시 전후인데 그 시간에 일어날 때 술이 깨어 있을 정도로 마시는 것을 기준으로 삼는다. 이런 기준은 술 역사가 근 30년이 다 돼가는 동안 술로 인해 육신의 괴로움을 많이 당하면서 터득한 것인데, 습관이 되다 보니 술을 마시다 보면 그 양(量)이 느껴오고 그때부터는 술맛이 없어지기 때문에 더 이상 마시지 않게 되는 것이다.

  술집에 처음 갔을 때는 분위기를 깨지 않기 위해 열심히(?)술을 마신다. 그러나 어느 정도 취기가 돌아 좌중(座中) 역시 모두 취한 뒤라 더 이상 마시지 않아도 예의에 크게 어긋나는 법이 없을 즈음에는 술을 마시지 않는다. 간혹 상사(上司)를 모시는 어려운 자리이거나 지기(知己)를 만나 작정하고 두주불사(斗酒不辭)의 경지까지 마시자고 하는 경우가 있으나 그런 경우는 일 년에 한두 번 있을까 말까 하다. 그러니 2차를 가는 법이 거의 없다. 사람이 하는 일이라 왜 예외가 없을까마는 마지못해 2차를 가더라도 사정을 보아 곧바로 '망도'(자리에서 도망하는 것이 조금은 쑥스러워 하는 말이다)해 버린다. 우리나라의 술자리는 비교적 이에 관대하다고 내 스스로 생각하고 하는 행동이다.

  다년간의 경험에 의하면 2차 술은 몸을 망칠 뿐 아니라 기억에도 없고 다음날 숙취 때 술을 산 사람에 대하여 고마워하기는커녕 원망하는 것을 많이 보아왔다.

  특히 내가 금기로 삼는 것은 기분이 상했을 때 술을 마시는 것이다. 울적한 기분이 술로 가실 수 있다면 얼마나 좋을까? 그러나 술이 아무리 취한다 해도, 몽롱한 기운 속에서도 또렷이 울적한 기분의 원인이 되었던 그 인자는 그대로 남아 있는 경우가 대부분이다. 더구나 다음날 숙취로 몸까지 괴롭게 되면 그야말로 후회막급이다.

기분이 울적할 때는 그저 집에서 명상에 잠기면서 그 원인을 분석하고 마음을 다짐하는 편이 훨씬 심신을 도모하는 길이라고 나는 생각한다. 그래서 나는 누가 내 기분을 풀어주려고 술을 사겠다고 하면 정중히 거절한다.

술은 몸에 해롭다. 그렇기 때문에 기분이 좋을 때 마셔야 그나마 해로운 점이 상쇄되지 않을까 하는 생각이 든다. 기뻐서 마실 때는 절제가 있어야 하고, 피로해서 마실 때는 조용해야 하고, 점잖은 자리에서 마실 때는 산뜻한 풍도가 있어야 하고, 난잡한 자리에서 마실 때는 규약이 있어야 하고, 새로 만난 사람과 마실 대는 품위를 지키거나 진솔해야 하고, 대수롭지 않는 손님과 마실 때는 오히려 성의를 다하는 것을 원칙으로 삼고 있다.

술은 기분 좋을 때

위대한 착각

가끔씩 거울에 비친 얼굴을 보고는 여러 가지 생각이 교차한다. 얼굴은 어제든 그제든 오늘이든 변함없는 그 얼굴 그대로인데 어떤 때는 이 정도면 남으로부터 못났다는 소리는 듣지 않겠구나 하는 자부심을 느낄 때가 있다가도, 또 어떤 때는 어떻게 이런 얼굴로 평생을 살아왔는가 싶을 정도로 흉하게 보이기도 한다. 이 경우 착각이 있다면 아마도 '이 정도면' 하고 그럴 듯하게 보인 경우가 십중팔구일 것이다. 왜냐하면 신체 중 객관적으로 남보다 떨어지는 것 같은데도 어깨 펴고 다니는 것을 보면 그것을 개성이라는 이름으로 포장하는 착각의 교묘한 힘 때문이 아니겠는가 싶다.

내 나름대로 한국인의 일반적 착각을 발견했다면 다음과 같은 것들이 있다. 한국인은 중국 고서에도 나오는 이야기이지만 노래를 좋아하는데 노래를 아주 잘 부르는 것으로 착각을 한다는 것이다. 특히 술이 한 잔 들어가면 더욱 그렇다. 노래연습장에 가서 마이크를 한 번 잡으면 끝까지 다른 사람에게 넘기지 않고 혼자 부르는 사람이 있다. 더구나 박자, 음정이 전혀 맞지 않음에도 불구하고 눈을 지그시 감고 노래에 심취하는 것을 보면 착각도 보통을 넘는다. 그러면서도 남이 노래할 때는 대충 자신보다 못하다고 치부해 버리고 부르기를 강권한 후에는 숫제 옆 사람과의 대화에 열중해 버린다.

이 경우 자신의 착각을 발견하는 좋은 방법은 남몰래 집에서 자신의 노래를 녹음해서 혼자 들어보라는 것이다. 물론 노래를 정말 잘 부르는 사람도 많지만 대부분의 경우 자신의 실력보다 잘 부른다고 생각하는 것이 보통이라는 것이다. 시험삼아 집에 있는 녹음기에 자기 노래를 녹음한 후에 한 번 들어 보라. 지그시 눈을 감고 심취할 수 있는 정도는 분명히 아닐 것이다.

또 하나의 착각은 한국인 남성은 스스로는 정력이 약하다거나 성기가 왜소(矮小)하다고 생각한다는 점이다. 그렇지 않고서야 정력에 좋다면 해외원정까지 가서 코브라나 웅담을 구하려고 그 난리를 칠 수 있겠는가. 신문에 비뇨기과 상담란을 심심찮게 채우는 것은 바로 성기확대술에 관한 것이고, 의사들은 일반적으로 성기가 작지 않은 것을 작은 것으로 착각하는 사람들이 너무나 많다고 충고하고 있다.

대저 약이란 그것을 곧바로 효험이 있는 경우는 일단 몸에 치명적인 부작용이 없는지 의심해 볼 여지가 있는 것이다. 마약이 아니고서야 금방 정력에 뛰어난 효과를 나타낸다면 부작용이 없을 수 없다는 것이 약에 대한 나의 기본 인식이다.

자신의 성기가 혹 왜소하다고 생각하는 사람은 전혀 왜소하지 않고 그럴 듯하다고 여길 수 있는 진단방법이 있으니 몰래 한 번 시도해 볼 일이다. 즉, 조용한 방이나 아니면 사우나를 마치고 나서 대형 거울 앞에 서서 자신의 물건을 객관화시켜 볼 일이다. 그때야말로 열등감이 사라지고 틀림없이 제법 그럴 듯한 모습으로 자신 앞에 나타날 것이니까.

혹 위 두 가지 경우의 착각을 필자 자신의 착각임에도 다른 사람의 착각인 양 착각하고 있는 것은 아닌가 하는 반문이 있을 수 있겠는데, 그것도 얼추 사실이겠으나 한 가지 분명히 말할 수 있는 것은 필자 나름으로는 그런 착각을 불식(拂拭)하려고 무지무지하게 노력하고 있다는 점을 알아주었으면 한다.

생래적이건 후천적이건 자신이 가진 콤플렉스를 합리적 방법으로 극복하는 과정 그 자체를 자유라고 규정하고, 자신의 콤플렉스를 위대한 콤플렉스로 승화시키려고 열심히 노력하는 친구가 생각난다.

사십이(四十而) 불혹(不惑)

사십이(四十而) 불혹(不惑)이라는 말이 있다. 나이 40세가 되면 마음에 동(動)함이 없다는 말이다.

　이 말은 맹자(孟子)의 제자인 공손축(公孫丑)이 맹자에게 묻기를 "선생께서 만일 나라의 대신이 되어 선생의 학문을 실행에 옮기시게 되면 그것에 의하여 제왕(齊王)이 패자(覇者)나 왕자(王者)가 되어도 이상한 것은 없겠으나, 선생께서는 이러한 것을 생각하게 되셨을 때 마음이 동요하지 않겠습니까"하니, 맹자는 "아니야. 나는 사십이 되어서부터 마음이 동하지 않게 되었어"라고 대답한 것에서 유래한다. 같은 취지의 말은 논어(論語) 위정편(爲政篇)에 공자(孔子)의 말씀으로 나오기도 한다. 나이 사십이 되면 마음에 혹(惑)함이 없어지고 스스로 살아가는 방법에 대하여 확신을 갖게 된다는 것이다.

나는 30대 중반에 변호사 개업을 해서 좀더 여유 있는 생활을 할까 갈등한 적이 있었다. 그때마다 위에 언급한 공자의 말씀을 떠올리면서 40세가 되면 혹함이 없다고 했으니 그때 결정해도 늦지 않겠지 하고 미뤄왔던 것이 천명(天命)을 안다는 50이 턱 밑에 차서도 아직도 그 갈등이 계속되고 있으니 정말 한심한 생각이 든다. 그래서 생각했던 것이 공자 같은 성인(聖人)보다야 10년 정도 인간의 성숙도가 늦다고 보아 50세가 되면 결정해 보자고 하나 영 자신이 서지 않는다.

너무 거창한 이야기지만 결단을 이르는 말에 건곤일척(乾坤一擲)은 아니라도 배수(背水)의 진(陳)은 칠 필요가 있지 않겠는가 싶다.

나를 위로한다고 오랜 만에 만난 대학친구가 위의 불혹(不惑)이라는 성현의 말을 비틀어 주었다. 나이 40이면 유혹하는 주변의 환경에 흔들리지 말아야 한다는 이야기라기보다는, 오히려 불혹은 문자 그대로 '아무도 유혹하지 않는 것'이라고 해석해 주었다. 아무도 유혹해 주지 않는 나이가 되어버렸는데 한눈을 판다고 무슨 소용이 있겠는가. 그저 앞을 보고 이제까지 살아왔던 그 걸음으로, 초심(初心)의 그 뜻에 의미를 부여하면서 늠름하게 살자고 한다.

사 십 이 불 혹

자신에게는 엄격하게, 상대방에게는 관대하게

"**책**인즉명(責人卽明) 서기즉혼(恕己卽昏)"이라는 말이 있다.

이 말은 소학(小學)에 나오는 말로 "사람은 어떤 어리석은 사람도 다른 사람을 책(責)할 때에는 그 사람의 과실을 잘 알고 엄하게 책하는 반면에, 물정이 뻔한 사람도 스스로의 과실(過失)에는 관대하게 되어버린다"는 뜻이다. 사람이 살아가면서 그러기 쉽다는 것이니 이를 경계(警戒)하는 말일 것이다.

살다 보면 그렇게 하지 말아야지 하면서도 자신의 허물보다는 남의 허물이 쉽게 눈에 띄기 마련이다. '어떻게 저런 허물을 가지고'라고 한심스럽게 생각하는 경우를 한두 번 겪는 것이 아니다. 그러나 그럴 때일수록 오히려 자신을 되돌아보면 큰 실수가 없게 되는 경우를 우리는 흔히 보게 된다. 오히려 사물의 처리에 있어서 속으로는 억울한 생각이 들어도 자신에게 엄격하고 상대방에게는 관대하다 싶을 정도로 일 처리를 하면 상대방이 볼 때 공정하게 일을 처리하는구나 여기는 경우가 많을 것이다.

 그만큼 사람은 자기애(自己愛)가 의식적이든 무의식적이든 자리잡고 있다고 보고 상대방을 대해야 그나마 그 상대방이 섭섭하게 대우받았다는 오해를 씻을 수 있는 것이다.

자신에게는 엄격하게, 상대방에게는 관대하게

황금보다 소중해야 하는 것

"황금일만냥 불여일교자(黃金壹萬兩 不如一敎子)"

이 글은 처가(妻家)에 가면 벽에 걸려 있어 항상 대하는 글이다. 어느 노스님께서 치신 난(蘭) 그림의 화제(畵題)로 씌어진 것으로 "자녀에게 황금을 남기기보다는 한 권의 경서(經書)를 남기는 것이 좋다"는 뜻이다.

전한(前漢) 위현(韋賢)의 가계(家系)는 5대에 걸쳐 경학(經學)을 받들어왔다. 현(賢)의 아들 현성(玄成)이라는 사람이 그 경학을 바탕으로 조정에 나가 두각을 나타내 승상(丞相)의 지위에 오르자 고향인 추(鄒, 山東省 鄒縣)에서는 "자녀에게 황금을 남기기보다는 한 권의 경서(經書)를 남기는 것이 좋다"는 속담이 생겼다는 데서 유래하는 말이다.

집에는 이제 중 3인 아들과 갓 입학한 중 1의 딸이 있다. 물려줄

재산이 없으니 가르치기는 해야 될 것 같은데 옛날과 달리 교육이란 게 워낙 다양해져서 먼저 무엇을 가르쳐야 할지가 막막하다.

친구 아들은 벌써 소질에 따라 다른 공부는 제쳐두고 컴퓨터 하나만 몰두하면서 대학의 특례입학을 목표하기로 결정한 것이 부럽기만 하다. 그러나 아직은 무궁한 장래의 갈래에서 기초 지식을 배제한 채 무엇인가 하나에 몰두하게 한다는 것이 측은하다는 생각이 들어 갈피를 잡지 못하고 있다.

나는 아들을 새벽이면 깨워 한문을 30분쯤 스스로 하게 하고, 약 1시간에 걸쳐 수학을 가르친다. 그리고 약 1시간은 나도 잘 모르는 영어를 가르친다. 영어는 숫제 가르친다기보다는 같이 공부하는 꼴이기는 하나 제대로 암기하는지 확인하는 데 그친다.

직업에는 귀천이 없으므로 무엇을 하든 상관하지는 않으나 교양 있는, 예의 바른 사람이 되기 위해서는, 남과 대화를 나누거나 선악을 구별하는 안목을 구비하기 위해 최소한은 가르쳐야 자신이 선택하는 직업에서 보람을 가지고 생활할 수 있지 않겠는가 하는 막연한 불안 때문에 현대에 맞는지도 모르면서 훈육하는 것이다.

오래된 이야기이기는 하나 어릴 때 중학교 입시를 앞둔 동생을 가르치면서 다른 사람과는 달리 동생은 정말 가르치기 어렵구나 하는 생각이 들었다. 그런데 자식을 가르쳐보니 그것만큼 어려운 것은 없다는 생각이 든다. 자식의 무성의에 이성을 잃은 매질도 서슴없이 한 적이 한두 번이 아니다. 그러나 마음 하나 다스리지 못했다고 후회하기를 매번…. 그보다는 격려하고 칭찬하면서 가르치는 것이 더 큰 효과를 볼 수 있다는 것을 차츰 알게 되었다.

  자식을 가르치는 것은 예나 지금이나 어려운 모양이다. 역자교지(易子敎之)라는 말이 있다. 자식은 서로 바꾸어서 가르친다는 말이다. 맹자(孟子)에 나오는 말인데 자신의 자식을 가르치다가 뜻대로 되지 않으면 아버지는 화를 내고 아버지와 자식 간에는 감정의 골이 깊어져 반목하는 큰 불행이 일어난다는 것이 그 요지이다.

  어쩌다 보니 자식을 가르치다 나를 스스로 가르치는 꼴이 되어 버린 것이다. 가르치는 것이 배우는 것이란 격언은 맞는 말 같다.

어떤 깨달음

부처나 예수, 공자나 마호메트 같은 성자들의 깨달음을 우리는 이해할 수 없을 것이다. 그런 것들은 우리들이 이해할 수 없는 것이기에 아마도 큰 깨달음이라고 불러도 좋을 것이다. 그렇다면 우리들 필부필부(匹夫匹婦)는 깨달음이 없는 것일까? 아니 깨닫지 않고 살아가도 되는 것인가?

깨달음이란 말의 무게가 너무 무겁다면 반성(反省)이라도 하고 살아야 하지 않겠는가. 잘못이 없는데 반성이라는 것이 억울하면 뒤돌아보고라도 살아야 하지 않겠는가?

우리들의 깨달음은 아마도 살아가는 동안의 반성(反省)이라고 보는 것이 오히려 올바른 표현일 것이다. 부처의 그것처럼 큰 깨달음이 있다면, 범부도 일상에서 항상 생각하고 깨달아야 사람 구실을 제대로 하거나, 하다 못해 다른 사람에게 죄를 짓지 않고 살 수 있을 않을까 싶다.

　가끔 꿈속에서 전혀 사람이 없는 곳에서 완전범죄를 꿈꾸는 적이 있다. 죄질이 중하든 그렇지 않든 남을 속인다든지 떳떳하지 못한 것이 분명함에도 그대로 실행하는 꿈을 꾸는 때가 있다. 대개의 꿈이 그렇지만 기억하는 것은 꿈을 꾼 직후 잠이 깨었을 때이다.

　침대에서 일어나 내 마음속에, 내 피 속에 흐르는 부정의 씨앗에 눈을 돌려 반성을 해본다. 오래 전에 읽은 〈지킬 박사와 하이드씨〉처럼 인간의 이중구조가 잠재의식 속에 공존하는 것은 부정할 수 없지만, 내가 집착하는 어떤 욕심 때문에 꿈속에서라도 그런 행동으로 나아갔을 것이다.

　그때가 인생의 전환기이거나 아니면 일상에서도 사람들은 크고 작은 죄업을 짓고 사는 것이 보통이다. 꿈속에서라도 혹 다른 사람의 당연한 몫에 시기하지 않았는지, 별 악의를 두지 않고 나에게 한 말 한 마디에 순발력이랍시고 가시 돋친 말로 되받는 구업(口業)을 짓지나 않았는지, 지나보면 손해 같지 않은 손해에 집착하여 베푸는 것에 인색하지 않았는지, 부모나 형제, 아내나 아이들에게도 게으른 나머지 할 일을 다하지 못한 적은 없는지.

161

반성이 자칫 자기 합리화에 그치는 것만 경계한다면 반성은 많으면 많을수록 좋은 것이리라.

어떤 깨달음

헛 걱정

기인우천(杞人憂天)이란 말이 있다. 이를 줄여 기우(杞憂)라고 한다. 고대 중국 기(杞)나라의 한 사람이 하늘이 무너져 자신도 죽지 않을까 하는 걱정으로 늘 안절부절하지 못했다는 고사(故事)에서 유래하는 말로 공연한 걱정을 하는 것을 비유하는 말이다.

요즈음도 사이비 종교를 중심으로 휴거다 뭐다 하면서 실제로 하늘이 무너지는 걱정을 하는 사람이 없지 않으나 정도의 차이는 있지만 사람은 누구나 걱정을 하고 살아갈 것이다.

어느 노스님으로부터 들었던 것인데 스님께 하소연하는 사람들의 걱정을 들어보면 쓸데없는 걱정이 99.9%이고 그 나머지만 걱정할 만한 것이라는 것이다. 쓸데없는 걱정이란 게 정확히 무엇을 의미하는지는 모르겠지만, 전후 사정으로 보아 걱정을 하여도 아무런 대비책이 없는 것쯤으로 이해를 하였다.

그렇다. 우리들의 걱정이란 것이 대부분은 자업자득, 즉 과거의 잘못에 기인하는 것으로, 걱정한다고 해결될 일도 아니거나, 객관적으로 보면 타인의 의지 등에 따른 걱정의 요인이 없는 데도 걱정하는 것이 거의 전부인 것이다. 지은 죄가 있을 때 크고 작건 간에 걱정을 하는 것, 즉 불안해하는 것이 정신건강에 어떤 영향을 미치는지는 잘 모르겠으나 그렇게 좋을 것이라고 생각되지는 않는다.

걱정을 이렇게 나눠 볼 수 있다면 걱정을 덜기 위해서는 걱정해서 대비책이 나오는 걱정은 미리미리 대비만 하면 될 것이요, 그럴 경우에도 사실은 걱정하면서 대비할 필요는 없는 것이고, 나머지 쓸데없는 걱정은 지은 죄 때문에 연유하는 것이라면 가능한 한 죄를 짓지 않으면 예방될 일이다. 그러나 이미 죄를 저질렀다면 그 경우도 쓸데없는 걱정임은 분명하므로 반성하면 될 일이지 걱정을 미리 당겨 할 필요는 없다고 본다.

아버지가 아끼던 도자기를 실수로 깬 아이의 걱정은 깨게 된 과정을 반성만 하면 되는 것이지 마음이 상하는 걱정까지 미리 당겨 할 필요는 없는 것이 분명하다. 아버지가 너그러워 야단을 듣지 않고도 지나친다면 그 동안의 헛걱정으로 마음 상한 것은

헛 걱 정

어디에서 보상을 받을 것이며, 설사 아버지로부터 호되게 야단맞았다면 또 그 동안의 대비책 없었던, 즉 쓸데없는 헛걱정으로 마음 상한 것은 어디에서 보상받을 것인가.

그도 저도 아닌 걱정이 대부분인 것이므로 반성도 걱정도 당겨할 필요가 없고 그저 무심(無心)의 상태로 지내심이 좋을 듯싶다.

공부 일기장

상사로 모시던 분이 승진으로 보직이 변경되어 보직변경 인사를 하는 자리에서 들은 이야기이다. 자신은 승진한 자리에 근무하는 동안 헝가리의 축구 영웅 푸스카스가 하루 24시간 내내 축구만을 생각했듯이 업무를 생각하겠다는 말씀이었다. 사실 일에 몰두하는 경우가 그렇지 못한 경우보다는 그 일에 있어서의 아이디어가 백출하리라는 것은 불문가지(不問可知)다.

어떻게 하면 자식이 공부에 재미를 붙일까 하는 것에 노심초사해 보지만 사실 자식을 가르치는 것은 말만큼 쉽지가 않다. 요즈음 초, 중등학교의 숙제를 보면 그것이 학생에게 내는 숙제인지 부모에게 내는 숙제인지를 분간하기 어려운 경우가 많다.

예를 들어 받아쓰기 숙제의 경우 집에 부모가 없을 수도 있고 또 있다 하더라도 만에 하나 문맹이라면 당초부터 불가능한 숙제이다. 그래도 받아쓰기 같은 숙제는 비교적 쉬운 편에 속한다. 심지어는 유사 수학문제를 만들어서 그것을 풀어오라는 숙제도 있다. 나도 숙제를 도와주다 보니 자식을 초등학교 때부터 조금 가르치다가 중학교 들어가자 본격적으로 가르치고 있다.

공부는 기본적으로 스스로 해야 한다는 생각 때문에 가르칠 생각이 없었으나 그렇게 머리가 나빠 보이지는 않는데도 성적이 중간 정도를 맴돌아 억지로 시키기로 마음먹었다. 그래도 콩밭에 가 있는 자식의 마음까지를 다잡아 준다는 것은 정말로 어려운 일이다.

우선 학교 공부의 노트 정리가 전혀 되어 있지 않았고 글씨가 너무 성의 없었다. 그래서 생각해 낸 것이 공부 일기장이다. 내가 어릴 때야 별도의 연습공책이 없었고, 있다고 해도 재단해 있는 연습장은 비싸 큰 시장에서 전지(全紙)를 사서 알맞게 재단해 이를 적당한 양으로 묶어 쓴 기억이 있지만, 요즘은 물자가 풍부해서 종이는 손쉽게 구할 수 있다. 그래서 노트를 연습장용으로 쓰도록 하고 일기장처럼 날짜를 적도록 하였다. 오늘로 44권 째인데 내가 보기에는 아직도 공부에 도가 트인 것 같지는 않다. 100권쯤이면 도가 트일 것이라고, 공부에 길이 보일 것이라고 격려를 하고 있는데 참으로 공부가 어렵긴 어려운가 보다 하는 생각이 든다.

　공부 일기장의 표지는 항상 내가 손수 써 준다. 시인 박목월의 아들인 박동규 교수가 아버님을 추억하는 내용 중에 초등학교 시절 새로 받은 교과서는 목월 선생이 손수 책표지를 씌워 교과명과 박동규라는 이름을 써 주었다는 대목이 있는데 그 심정을 조금은 알 것 같다.

　부디 내가 죽고 없어도 남겨놓은 그 노트를 통해 아버지의 성의를 짐작해서 자신의 일에 최선을 다하는 자식이 되었으면 하는 바람이 간절하다.

새 구두

오늘 아침 아내가 사준 새 구두를 신고 출근하면서 몇 년 동안 신던 내 구두가 헐었다는 것을 알게 되었다. 어릴 때부터 입성에 관한 한 철저하게 수동적이었던 것이 몸에 배어서인지, 옷은 팔다리가 들어가면 군소리 없이 입고, 신발 역시 양말 신은 발이 들어가면 그뿐, 불평하거나 부모님에게 사달라는 말을 한 기억이 없다.

그렇다고 내가 깨끗하고 말쑥한 것에 대한 평가의 눈이 전혀 없다는 말을 듣는다면 조금은 억울할 것이다. 그저 될 수 있는 한 주어진 현실에 마음을 맞춰 불평하지 않을 뿐이다. 새 구두를 신고 나서면서 몇 번이나 번들거리는 구두를 살짝 쳐다보았다.

새삼스런 이야기는 아니지만 가끔 사람은 새로운 관점에서 사물을 바라볼 줄도 알아야 한다는 것을 깨닫는다. 옷에는 물을 들이지 않고(衣不重采), 한 장의 가죽옷으로 30년을 입으면(一狐裘三十年) 옷 장사는 어떻게 직원들에게 월급을 주며, 프랑스 사람들에게 어떻게 옷을 수출할 수 있겠는가. 절약하는 사람도 있어야 하겠지만 미적 감각을 가지고 화려한 것에 대한 수요도 창출할 수 있는 사람이 우리 사회에는 있어야 하지 않겠는가.

권력층 부인네들과 대기업 회장부인, 그리고 초고가의 옷들이 진열된 압구정동 쇼윈도우가 소도구로 이용된 이른바 옷 로비 사건을 보면서 고급 옷 그 자체가 죄악시되는 우리 사회의 편견을 보았다.

첫날밤 맹세

결혼해서 신혼의 첫날밤을 제주에서 보냈다. 부족하고 흠 많은 사람을 선택한 아내에게 감사하면서 첫날밤을 어떤 이야기로 뜻 있게 보낼 수 있을까 곰곰이 생각해 보았다.

나는 어린 시절을 불우하게 보낸 것은 아니지만 선친이 자식에게나 아내인 어머니에게 전혀 부드러움이 없으셨던 점에 대하여 항상 불안하고 가슴 졸이며 지냈다. 어쩌다 한 달에 한 번쯤 오시는 아버지지만 하루하루가 그렇게 지루할 수 없고 불안하였다. 아버지는 매사에 야단뿐이었고 조금만 기분에 맞지 않으면 밥상을 마당으로 던지기 일쑤였다.

마당에 내던져진 밥상을 바라보며 나는 내가 결혼하여 가정을 갖게 되고 식구가 생기게 되면 적어도 집에서 고함소리와 폭력은 없이 자신의 의견을 자유자재로 이야기할 수 있는 분위기를 만들어야겠다고 늘 생각하고 있었다. 때문에 첫날밤 아내에게 앞으로 설사 당신이 다른 남자를 사귄다 하더라도 폭력은 절대로 휘두르지 않을 테니 폭력으로부터의 불안감은 전혀 갖지 않고 살아주기 바라고, 그리고 집에서는 방귀를 마음대로 뀔 수 있는 자유를 주겠노라고 말했다. 가스를 몸 안에 담고도 체면 때문에 참는 것은 건강상 좋지 않다고. 아니 그보다 가족 개개인이 가지고 있는 생각들을 조금도 주저하지 않고 무슨 말이든 할 수 있는 집안분위기를 만들기 위해서 노력하겠다고 다짐했다.

결혼해서 근 20여 년 동안 비교적 나의 첫날밤 맹세는 잘 지켜지고 있는 편이기는 하나 혹 아내가 너무 힘주어 방귀를 뀔 때는 자유를 주었더니 너무 만끽(?)하려는 것이 아닌가 하면서, 자유에는 절제나 균형이 필요하다는 충고 아닌 충고도 해본다.

사람은 자신에게 주어진 힘이나 권한의 70~80%만 써야 품위가 우러나고 아름답게 보이는 법이다.

첫날밤 맹세

안분지족하려면

분수를 알고 분수에 맞게 살라는 말이 바로 안분지족(安分知足)이다. 다시 말해 분수를 지키며 만족을 아는 것이라고 할 수 있다. 분수(分數)에는 여러 가지 의미가 있겠으나 여기서는 아마도 개인의 그릇의 크기나 능력쯤으로 이해될 수 있을 것이다. 그러므로 안분지족의 전제는 자기 자신을 아는 데서 출발하는 어려운 화두(話頭)임에 틀림없다.

그런데 그런 자기 그릇의 크기나 자기 능력을 안다는 것이 결코 쉽지 않다는 데 문제가 있는 것이 아닐까. 자기 자신을 모르는 것만큼 큰 무지(無知)는 없다는 말은 이를 두고 하는 말일 것이다. 자기 자신을 모르는데 그릇의 크기를 어떻게 알고 이쯤이면 됐다고 만족을 하겠는가. 한편 자신의 그릇 크기를 안다고 해도 사람의 능력이라는 게 도무지 일정한 것일 수는 없지 않겠는가?

안분지족을 너무 강조하다 보면 자신의 능력을 극대화하기 위한 노력을 포기하게 되지 않을까?

젊은 시절에는 국가나 사회에 봉사하기 위한 능력을 최대한 키우기 위해서 부단한 노력을 기울이지 않으면 안될 것이지만, 나이가 들어서는 일상에서의 노력이야 평생을 두고 해야겠으나 과분한 욕심으로 자신, 나아가 주위를 망치는 일은 삼가야 할 것이다. 나이가 들면 얼굴에 세월이 묻어 있어야 자연스러운 것과 같은 이치다. 인위적으로 목의 주름살을 없애려고 자꾸만 당겨 올리다보면 배꼽이 어느새 목 근처에 와 있다고 하지 않는가.

노자(老子)께서는 무욕(無慾)이 대욕(大慾)이라 했다. 이는 남이 보는 데서는 욕심을 감추면서 세속의 큰 욕심을 챙기라는 말씀은 결코 아닐 것이다. 욕심 없음이야말로 능력(能力)과 생(生)에 한계가 있을 수밖에 없는 중생이 자신을 살리고 주위도 살리는 방법이기 때문이리라. 그렇게 사는 이상 더 큰 욕심이 어디에 있겠는가. 그래서 결국은 안분지족으로 돌아가야 할 것이다.

그래도 사람들은 자기 스스로의 그릇을 모르고 일생을 사는 것이 보통인 모양이다. 나 스스로도 결코 예외는 아니다.

안 분 지 족 하 려 면

기다림

기다리면 반드시 자기 차례가 오기 마련인데도, 그리고 기다리지 않을 수 없는 상황임에도 한사코 안달하는 사람이 있다. 물론 새치기가 가능한 경우도 있고 새치기 능력을 사회적 신분의 일종으로 생각하는 사람도 있다. 이 새치기는 전쟁과 군사 쿠데타의 격동 속에서 살아남기 위해 습득한 처세술이며, 발빠른 산업화와 끝없는 도시집중이 가져다준 그늘임에는 틀림없다.

사실 나도 모닥불 피우고 야전담요를 뒤집어쓰지도 않으면서 명절의 귀성표(歸省票)를 구하기도 하고, 또 한편으로는 그러한 사실을 부끄럽게 생각하기도 한다. 돈을 더 많이 주고 구하는 것이야 자본주의 사회에서의 자유경쟁의 일종이라 굳이 비난할 필요도 없지만 그런 일 없이 몸으로 때우는 수고를 하지 않고 표를 구하는 것은 분명 자유경쟁원리와는 거리가 있는 것이다.

그러나 그러한 새치기가 불가능한 일을 두고도 안달하는 것은 이해하기 어렵다. 그렇지만 이해하기 어려우면서도 나 자신을 비롯한 많은 사람들이 기다리지를 못하는 것이다. 자식에게 예의를 가르치거나 습관을 가르치거나 공부를 가르치거나 스스로 어떤 일의 성취를 위하여 노력할 때 그것의 완성에는 처절한 기다림이 없으면 되지 않는다.

  하나의 완성이 얼마나 어려우면 공자(孔子)도 "아침에 도(道)를 깨치면 저녁에 죽어도 좋다"고 했겠는가. 남들이 알아주지 않는 것을 걱정하지 않고(不患人之不己知), 하여야 할 일에 매진해야 결과가 나타나는 것이 아니겠는가.

  며칠전 친구 사무실에 들렀다가 20여 년 전 결혼기념으로 받은 법대 스승 이희봉 선생님의 글이 곱게 표구된 액자가 눈길을 끌었다. "나를 알아주지 않는다고 하늘을 원망하거나 사람을 미워하지 말라. 다만 부지런히 갈고 닦아 하학(下學)이 상달(上達)이면 하늘이 너를 알아주지 않겠느냐(知我者天乎)"라는 뜻이었다.

  인생은 무거운 짐을 지고 먼길을 가는 것에 곧잘 비유되고는 한다. 미래를 어떻게 눈앞의 손금 보듯 들여다볼 수 있겠는가마는 그래도 조급해서는 안 될 것 같다. 그러나 준비를 착실히 하면서 기다린다면 "말 탄 장가"처럼 나중에는 예쁜 신부가 기다리고 있을 신방(新房)에 가지 않겠는가?

　사실 나도 조급한 성격임에 틀림없으나 오늘 아침 공부에 성취가 늦은 큰 아이가, 그래도 기다려 보자고 열심히 가르친 결과가 괄목하게 나타나는 것 같아 기다리길 잘했다는 생각이 들어 써본 글이다. 우리 하염없이 기다리고 또 기다리자.

남의 탓

명백한 범죄행위이든 단지 도덕적으로 비난할 만한 일이든 혹은 그렇지 않더라도 일상에서의 약간의 비틀림 정도에까지 남을 탓하는 경우를 많이 목격하게 되고, 스스로도 그런 기분이 들 때가 있을 뿐 아니라 실제로 변명을 늘어놓기도 한다. 심지어 현재의 자기 처지(處地)를 남 탓으로 돌리는 경우도 있다. 다른 사람이 이룩한 결과에 대하여 폄하(貶下)하거나 자기의 그것과 비교해서 불공정게임의 결과로 치부해 버리는 경우를 가끔 본다. 직장에서의 꾸지람을 집으로까지 가지고 와서는 식구들에게 화풀이하는 기분전가(氣分轉嫁)형이 있기도 하다.

그러한 책임전가(責任轉嫁), 기분전가가 혹 정신의학상 어떤 긍정적 효과가 있는지는 잘 모르겠으나, 궁극적으로는 부(負)의 효과로 나타난다는 것은 정상적인 사고를 가진 사람이라면 인정하지 않을 수 없는 일이다.

사람은 잘못을 저지를 수 있는 것이고 일에 익숙하지 못할 수도 있는 것이라서 그 잘못이나 미숙(未熟)에 상사나 다른 사람으로부터 꾸지람을 들을 수가 있는 것이다. 물론 그 꾸지람의 방법에 대하여 후배로서 지척(指斥)할 수는 있겠으나 그 원인까지를 상사나 남의 탓으로 돌려서는 결코 안 된다.

후배가 인사를 하지 않거나 연락이 없는 것이 어떻게 그 후배의 탓이겠는가? 동생이 형에게 섭섭하게 하는 것이 어떻게 나이 어린 동생의 잘못이겠는가? 자식이 기본적 예의가 부족해서 아버지가 퇴근해도 문을 열지 않고 방에 틀어박혀 나오지도 않는 것이 어떻게 자식의 탓이겠는가? 퍼팅이 마음먹은 대로 되지 않는 것이 어떻게 그린 위에 올라와 있는 동반자의 책임일 수 있겠는가? 하물며 사람을 죽이는 이유가 어떻게 남 때문일 수가 있겠는가?

어머니야 자식의 살인에 대하여 자기 탓이라고 후회하고 한탄할 수 있으나, 그렇다고 그 자식이 어떻게 어머니 탓이라고 말할 수 있겠는가. 자기의 가난이 어떻게 나라의 잘못일 수 있겠는가? 모든 결과는 자신에게서 찾지 않으면 안 된다.

논어(論語)에 나오는 이야기이다. 군자지과(君子之過)여일월지식(如日月之蝕), 즉 군자도 잘못을 저지르지만 그것을 솔직히 인정해서 고치는 것이 마치 일식(日蝕), 월식(月蝕)이 다시 밝게 비추는 것과 같다고 했다. 어떻게 군자처럼이야 따라가겠는가마는, 잘못을 고치는 것은 잘못의 인정에서부터 출발하는 것이므로 남 탓을 하지는 않을 수 있지 않을까.

남의 물건 아끼기

흔히 남의 물건도 제 물건처럼 아껴 쓰라는 말이 있다. 대중목욕탕에 가면 몸의 물기를 닦아내는 수건이 비치되어 있고, 화장실에는 손을 닦는 종이가 준비되어 있는데 보통 한 장씩만 쓸 것을 권유하고 있다. 나는 집에서의 버릇대로 수건 한 장으로만 목욕을 끝낸다. 발을 맨 나중에 닦으면 발 닦는 수건으로 몸을 닦는다는 불쾌감도 느끼지 않는다.

    자동차가 밀리는 교통혼잡을 마냥 도로나 늘려서는 구제할 수 없듯이 쓰레기가 늘어나거나 공중이 이용하는 시설이 제대로 관리되지 못하는 것을 중앙정부나 지방자치단체에게만 맡겨둘 수는 없는 것이다. 그런 시설들을 제 물건 아끼는 이상으로, 남의 물건일수록 더더욱 아껴야 된다는 자세를 가지지 않으면 우리나라가 선진국으로 진입하기는 어렵다.

사실 내 물건이야 내 것이니까 형편에 따라서는 좀 헤프게 쓸 수도 있는 것이다. 그러나 나의 것이 아닌 남의 물건이나 공공물이야말로 이를 아끼지 않으면 결국은 보이지 않는 가운데 나의 부담으로 오는 것이 아니겠는가?

　면도를 하면서 마냥 흘려보내는 물, 씹고 있던 껌을 그대로 길에 뱉어버리는 행동 — 그 제거를 위하여 얼마나 많은 인력과 예산이 들어가는지 — 피우던 담배를 지하철 환기통으로 던져버리는 행태(行態), 머리 닦고 몸 닦는 데 수건 한 장씩을, 발 닦는 데 또 한 장을, 일일이 매거(枚擧)할 수 없을 정도다.

　위와 같은 행동을 아무런 주저없이 할 수 있다는 것은 자신의 조그마한 이익을 위해 어떤 공중질서도 거스를 수 있는 사람이라고 평가한다면 지나친 말일까? 그와 같은 행동을 아무런 미안함 없이 할 수 있는 사회분위기라면 그야말로 끝까지 간 절망적인 사회가 아니겠는가?

남의 물건 아끼기

'하고 싶은 일'이라는 함정

직업은 어떤 것을 선택하는 것이 좋을까? 연전에 재벌(財閥)급의 회사를 경영하던 모 인사가 회사가 몰락하자 미국 이민을 떠나면서 능력이 닿으면 미국에서 50세 이상의 프로 골퍼들이 출전하는 시니어 투어에 전념하고 싶다는 희망을 피력하는 것을 듣고 약간의 실소를 한 일이 있다. 그 골프 인생도 얼마나 투쟁의 연속이겠는가 하는 우려 때문이기도 하지만, 골퍼라는 직업이 얼마나 하고 싶었으면 그랬을까 하는 동병상련(同病相憐)의 마음이 더 작용했기 때문이기도 하다.

자신의 직업이든 자녀의 직업이든 하고 싶은 일을 택하는 것이 인생에서 성공할 수 있는 지름길이라는 말을 흔히 듣는다. 즉, 취미와 실익의 일치야말로 궁극의 인생이기는 하지만, 그러나 과연 얼마나 많은 사람들이 하고 싶은 일을 직업으로 택하게 되는 것일까?

　직업인 중에는 그야말로 누가 보아도 힘든 직업이라는 것이 있을 수 있다. 보릿고개 시절 우리들은 변변한 직업을 구할 수 없어 썩 내키는 일은 아니지만 가족들과 헤어지면서까지 외국으로, 바다로, 땅속으로 직업을 찾아 나서지 않았는가.

　한편 너도나도 직업으로 입맛에 맞는, 하고 싶은 일만 찾는다면 이 세상은 또 어떻게 되겠는가? '인생은 하고 싶은 일을 하는 것이 아니라 해야 할 일을 즐거운 마음으로 하는 것'이라는 말이 있다. 우리가 우리 스스로에게나 우리 자식들에게 과연 직업으로서 하고 싶은 일을 하라고만 할 수 있는 것일까. 그렇지 않다. 누군가가 해야 하고 그것이 사회적으로 필요한 일이라면 그 일이 하고 싶은 것이 되도록 만들어 나가야 할 필요가 있지 않을는지.

　처음에는 자신이 하고 싶지 않은 일일 수도 있고 성에 차지 않는 일일 수도 있으나 자신에게 주어진, 아니 자신이 해야 할 일이라면 창의성을 가지고 열심히 한다면 반드시 하고 싶은 일이 되지 않을까. 컴퓨터오락에만 탐닉하는 아들에게 나는 항상 지금 학생으로서 해야 할 일에 오락 이상의 재미를 가지고 몰입해야 한다고 충고하고 있다. 그 의미를 녀석이 얼마나 알아듣건 그것

'하고 싶은 일'이라는 함정

은 문제가 아니다. 앞에서 말한 '곶감이야기' 처럼 녀석도 나처럼 철이 들면 알게 될 테니까.

　하고 싶었던 일을 하지 못하고 있다고 정작 해야 할 일에 마냥 소홀히 한다면 개인적으로나 국가적으로나 얼마나 불행한 일이겠는가. 어릴 때부터 어머니로부터 귀에 못이 박이도록 들어온, "사람이 어떻게 다 자기 하고 싶은 것 하고 사노?"라는 말씀의 의미를 지금에야 알 것 같다.

오해

진실은 하나인데도 사람은 객관적 진실이 무엇인지를 모르기 때문에 이를 오해하거나 의심하는 수가 있다. 그런데 오해나 의심의 대상이 객관적 진실일 때에는 언젠가는 밝혀지는 것이 가능한 일이므로 사정은 좀 나을 수도 있다. 그러나 만일 그 대상이 눈에 보이지 않는 다른 사람의 속마음, 즉 어떤 의도(意圖)일 때는 문제가 정말 복잡해진다. 타인의 행동으로부터 어떤 의도가 엿보이는 것 같은데 당사자가 이를 부인하면 입증할 길이 없다.

그런데 살면서 느끼는 것인데 타인의 행동에 대하여 그렇게 숨은 의도를 읽으려는 태도는 좋지 않다. 그리고 그러한 노력은 대개 오해를 낳거나 사실과는 동떨어진 판단일 때가 많다. 매사 돌다리를 두드려서 개울을 건너는 심정으로 살아가라는 말도 있으나, 그런 일은 업무상 필요할 때나 하는 것이고 대부분의 일상의 일들은 탐정소설이나 삼국지에서나 보이는 교묘한 것들의 연속은 없다고 보면 옳다. 오히려 지레짐작으로 의심한다면 오해하기 십상이다.

그러므로 인생살이에서 이것저것 머리를 복잡하게 움직이다 보면 오히려 판단이 흐려지고 순수한 의도로 해석하는 것만 못한 경우가 대부분이라고 보면 된다.

오죽하면 노자(老子)가 "배우는 것을 끊으면 걱정이 없다"고 했으며, 열자(列子)에서는 "큰길이 여러 갈래이면 양(羊)을 잃어버리고, 학자가 다방(多方)하면 목숨을 잃는다"고 했겠는가. 채근담에도 이런 이야기가 있다.

> 일을 급하게 함으로써 명백하지 않은 자 있으되 너그럽게 하면 혹 밝아지나니, 조급하게 함으로써 그 분(忿)을 빠르게 하지 말라. 사람을 부림에 잘 좇지 않은 자 있으되 놓아두면 혹 절로 따르나니 너무 엄하게 부림으로써 그 완(頑)함을 더하게 하지 말라.

세상에는 교묘한 사람들이 그렇게 많지 않다.

등산

등산보다는 골프가 더 재미있다. 힘들지가 않아 골프를 좋아하는 편이기는 하나 등산이 주는 고락(苦樂)도 좋아 심심찮게 다닌다. 그래도 취미가 등산이라고 내세울 수 없다. 그저 주말에 서울 근교 산을 오르는 정도에 불과하니 말이다.

1982년 가을, 광주지방검찰청으로 첫 부임하면서 등산대회 때 구입한 등산화를 일 년에 한두 번 신어보고 15년 만에 과천으로 근무지를 옮기면서 등산을 시작한 주제에 등산 운운할 자격도 없다. 그렇지만 단 한 번도 낙오해 본 적이 없고 정상을 밟지 않고는 하산한 적이 없다.

높은 산, 낮은 산 가리지 않고 등산하면서 가슴속에 한 폭의 골짜기를 만들었다. 산이 고요하면 낮도 밤 같고, 산이 담박하면 봄도 가을 같고, 산이 높으면 따뜻해도 추운 겨울과도 같아 깊숙하고, 고요한 곳이라면 해가 기울어도 내려오고 싶은 생각이 없다.

 이 산 저 산을 등산하면서도 용케도 낙오하지 않고 정상에 올랐다가 내려오면서 완주하는 비법을 터득했다.

 그것은 "자신의 숨길보다 발길이 앞서면 낙오한다"는 평범한 진리를 발견한 때문이다. 능력보다 의욕이 턱없이 앞서면 자신의 낭패임은 물론이거니와 다른 사람에게도 크나큰 부담으로 남는다. 등산에서 낙오하여 다른 사람에게 얼마나 피해를 주는가 생각해 보면 알 일이다.

 사람에게는 어떤 일에 대한 용량(容量)이나 능력이라는 것이 있다. 물론 자신의 노력으로 그 용량을 늘릴 수도 있겠으나 그 또한 그 사람의 용량임에는 틀림없을 것이다. 자신을 아는 것, 자신의 용량을 아는 것, 그래서 무리하지 않고 나가는 것이 남에게 폐를 끼치지 않고 분수에 맞게 살아가는 것이리라.

자기수준

별로 맛이 없는 매운탕 같은데 일행은 아주 맛있게 그것을 먹는다. 내가 먹어보니 간도 맞고 맛이 있는 나물인데도 같이 앉아 먹는 동료는 영 그 음식맛에 불만이다. 인물평, 작품평, 어떤 분야에서도 있을 법한 일이다. 같은 맛이라도 입맛이 까다롭지 않은 사람에게는 맛이 있을 수도 있고 그 반대일 수도 있겠으며, 숫제 맛에 대한 상대적 평가 자체가 불가능한 경우도 있을 것이다.

그런데도 우리는 같은 매운탕을 다른 사람이 맛있게 먹으면 입맛 수준이 형편없는 사람으로 가볍게 평가해 버리는 수가 있다. 더 나아가 춘천의 막국수와 이탈리아의 스파게티처럼 같은 종류가 아닌 음식에까지 어느 것이 맛있다고 쓸데없는 논쟁을 벌이는 경우를 흔히 본다.

어떤 경우 평론가의 글을 읽다보면 도대체 평론 대상의 작품이

작품인지, 낙서인지를 의심스럽게 하는 경우도 있다. 어느 정치인이 현실 비판을 하면서 자기가 하면 로맨스요, 남들이 하면 불륜(不倫)이라고 했다. 어디 그 뿐이겠는가? 자신이 하면 충고요 남이 하면 잔소리고, 자신은 근검절약 한다고 하는 것을 남은 궁상을 떤다고 한다. 스스로는 인물을 천거한다고 생각하나 남이 보기에는 영락없는 로비(인사청탁)일 수도 있는 것이다.

그래서 평가는 종종 자기 수준을 나타내는 것뿐이라 조심스러울 수밖에 없다. 건전한 평가가 사회발전에 없어서는 안될 요소이긴 하나 우선 자기 수준이 남을 평가할 만한가를 먼저 평가할 일이다. 세상에는 어떤 분야마다 수준이라는 것은 있기 마련이지만 사람마다 자기 나름의 희로애락(喜怒哀樂)은 다 갖추고 있는 것이다.

로미오와 줄리엣의 사랑만이, 리즈 테일러의 사랑만이 지고지순한 것은 아닐 것이다. 그렇다면 소주 마시고 취한 사람을 우습게 보면서 웃을 수 있는 사람은 아마도 이 세상에서 제일 비싼 술을 마시고 취한 한 사람뿐일 것이다.

다른 사람의 일을, 그 사람의 눈 높이에서 바라보는 지혜도 가질 필요가 있다.

더 큰 욕심

기대가 크면 실망 또한 큰 법이다. 새벽에 아들을 깨워 약 이삼십 분간 한자를 스스로 쓰게 하고 그 뒤 한 시간은 수학, 나머지 한 시간은 영어, 그리고 십분은 신문 사설을 읽히는 생활이 벌써 2년이 넘었는데도 이번 중간고사에서 점수를 올리는 데 또 실패하고 말았다. 내일부터는 더 다그칠 테니 각오를 단단히 하고 있으라고 전화로 윽박지른다. 과목당 두세 개 틀렸으니 문제의 수준으로 보아 그리 욕심 낼 일은 아닌 것 같은데 더 잘하는 아이가 분명히 많이 있으니 자꾸만 욕심이 생긴다. 그런데 순간 이 욕심이 과연 누구를 위한 욕심인가, 곰곰이 생각해 본다.

우리는 언필칭 너희들 잘되라고 하는 것이라고 말하지만 오히려 나의 욕심이 상당부분 차지하고 있지나 않은지 자문(自問)해 본다. 그리고 그 욕심이 지나쳐 전체적으로 아이를 잘못 인도할 수도 있는 것이 아닌가 하는 우려감도 없지가 않다.

어떤 형태로든 사회에 기여할 수 있는 일이란 그것이 부정한 것이 아닌 한 가치를 인정해야 하는 것이 아니겠는가? 그런데도 자식 잘되라고 하는 것이라는 미명으로 나의 욕심을 채우려는 나머지 아이를 들볶고 있다.

그런 사정은 부부간에도 마찬가지다. 혹 자식이야 아직 어리니까 가르치면서 산다고 하지만, 부부야 이제는 거기에 맞추어서 살아야 하지 않겠는가.

특히 부부간에는 욕심이 금물이다. 오히려 그 약점 때문에 사랑하는 것이라는 말이 있듯이 그 약점에 맞추어 살아가는 것이 부부다. 저런 약점이 있으니 하고 이해하고 감싸줘야 결국은 성공한다. 본인에게도 약점이 있기 마련이다. 그런데도 나의 약점은 보이지 않고 아내의 약점만 보인다면 그것이 문제가 아니겠는가?

자기의 약점을 이해받으려면 상대의 약점도 이해해야 한다. 우스개 소리지만 이른바 5공 청문회가 한창일 때 강남의 유부녀들 사이에 유행했다는 말이 있다. "장세동 같은 남편에 박철언 같은 자식을 두었으면 얼마나 좋을까" 하는 말이다. 그들도 어찌 약점이 없겠는가? 그러나 자식이나 아내에 대한 기대가 과연 자식이나 아내를 위한 하나의 이유 때문인지, 오히려 나의 욕심을 만족하는 수단으로 강요하는 것이 아닌지를 항상 경계해야 할 일이다.

어머니와 아내

나는 우리집의 다섯 남매 중에서 비교적 어머니와 함께 많은 시간을 보냈다. 다른 형제들이 초등학교 때부터 아버지가 계시는 부산으로 유학을 가도 나만은 중학교까지 시골에서 다녔다. 그리고 서울에서 대학을 다니고 이곳 저곳을 전전하면서 사법시험 준비를 하는 과정에서도 어머니와 늘 함께 지냈다.

　어릴 때는 빨리 형들처럼 부산으로 유학 보내주지 않는 아버지가 야속했지만 그것은 시골에 홀로 남으신 어머니에 대한 배려였지 않나 싶다. 어머니와의 생활을 오래 할 수 있었다는 것은 지금 생각하면 그렇게 행운일 수가 없다. 어머니로부터 새벽부터 부지런하게 움직이는 것을 배웠다. 내가 지금도 새벽부터 설치는 버릇은 어릴 때부터 어머니로부터 배워 몸에 밴 것이다. 그리고 어머니로부터 상대방이 알아주든 알아주지 않든 도리를 다해야 한다는 것을 배운 것은 무엇보다도 큰 자산으로 남아 있고, 그래서 남을 원망하는 법도 없다. 전부 내 탓인 것이다.

내가 초등학교 6학년에 다닐 때 부산의 작은어머니가 돌아가시고 한 달 정도 늦게 난 이복동생이 시골로 전학와 중학교 3년간을 함께 다녔다. 그때 동생에게 항상 양보하도록 가르치신 분이 어머니다. 좀 덜 해진 옷, 좀 나은 통학용 자전거를 동생에게 양보하는 법을 가르쳐 주셨다.

아버지는 당시로서는 별로 흥이 될 것이 없었지만 부산에 작은어머니를 두 분이나 두고 계셨고, 한 달에 한 번 꼴로 시골로 오셨다. 내 어릴 때 기억으로는 그와 같은 패턴을 거의 그대로 유지하셨다. 그러니까 오늘 부산으로 가시면 한 달 후에나 시골집으로 오시는 것으로 알면 된다. 그런데도 어머니는 당장 그날 저녁부터 아버지 밥 한 그릇부터 먼저 떠 놓으신다. 솥뚜껑을 열고 행여 보리쌀이 섞일까 보리쌀이 있는 부분을 주걱으로 걷어내고는 하얀 쌀밥으로만 떠놓으시는 것이다. 어린 생각에 오늘 부산 가신 아버지가 되돌아오실 리 만무한데 굳이 밥을 떠놓으시느냐고 물으면 어머니의 대답은 그래도 사람의 일은 모르는 것이라고 하는 말씀 한 마디뿐.

결혼 후 그런 어머니를 시골에 남겨 놓고 근무지를 따라 전국을 돌아다니다 정확히 11년 만에 고향 근무를 하는 것을 계기로 가족들과는 떨어져 어머니와 함께 살게 되었다. 고향 근무 첫날 새벽부터 이것저것 반찬을 장만하여 아침상을 보신 후 함께 앉아 식사를 하시면서 조용히 나를 부르시는 것이었다.

"자식은 결혼시키고 나면 영영 함께 못사는 것으로 알았는데 오늘 아침 너를 위해서 아침밥을 지을 수 있다니…. 살다보니 이렇게 좋은 일도 있구나" 하시는 것이었다. 가슴 안으로 흐르는 눈물을 어떻게 주체하겠는가? 식당에서 맛있는 것을 보면 처자식 생각부터 먼저 나는 아들에게 어머니는 영원히 저렇게 한마음으로 사시는구나.

냉장고가 없던 시절이기도 하였지만 어머니가 내 놓으시는 나물은 언제나 손끝의 체온과 같은 맛이다. 짜지도 맵지도 그리고 차지도 않은 그 맛. 젓가락으로 이리저리 뒤척인 나물이 어떻게 손끝으로 주물러 줄기 마디마디까지 양념 맛이 밴 나물과 맛이 같을 수 있겠는가? 손끝의 체온이 살아 있는 맛이 냉장고에서 묵혀 이미 싸늘해진 나물 맛과 혀끝에서 어떻게 비교될 수 있겠는가?

밤중에 일어나 집을 나서면 그것이 어떤 시간이든 아침밥을 먹

여보내야 하는 옛날의 어머니들, 요즈음은 이런저런 이유로 아침 식사를 거르고 출근하는 사람들이 많다고 한다. 그래서 비록 어제 만든 콩나물이지만 따끈한 국만은 아침상에 빠지지 않고 차려 내는 아내가 고마울 뿐이다.

  요즈음도 자식이 있기는 마찬가진데 옛날과는 어머니가 달라졌는지, 어머니는 달라진 것이 없는데 옛날과는 아내가 달라졌을까.

자식의 기를 살려라?

유난히 덩치가 큰 자식놈이 체육시간에 옷을 벗어놓고 체육복으로 갈아입은 후 운동장에서 운동을 하고 왔더니 자기의 조끼가 없어졌다면서 집에서 울상을 짓는다. 요즈음 아이들은 헐렁한 옷에 대한 선호가 있어 덩치 큰 놈의 옷이 곧잘 범행(?)의 대상이 된다고 한다. 아내가 학부모들이 모인 곳에서 불평하면서 조끼를 새로 사주었다고 하니까 요새가 어떤 세상인데 아이를 그렇게 약하게 키우느냐고 핀잔을 들었다 한다. 자기들은 그럴 경우 다른 아이들의 조끼를 훔쳐서라도 보충하게 하지 사주지 않는다고 하면서, 그렇게 약하게 키우면 학교에서 왕따 당하기 십상이라고 충고를 들었는데, 과연 어떻게 키우는 것이 바람직하냐고 그것도 나에게 의논이라고 한다.

언제부터인가 험난한 세파를 헤쳐나가기 위해서 일부러 아이에게 영악한 것을 가르쳐야 되지 않겠는가 하고 걱정하는 부모들을 보아온다. 무조건 예의와 질서만 강조하다 보면 유약한 아이로 자라나서 사회생활을 하는 데 적응하기 어려운 것은 아닌지 걱정하는 것이다. 아이의 기를 살리거나 강하게 키우기 위해서는 명백한 범죄행위까지도 서슴없이 가르친다. 그래서 요즘 아이들은 백화점 같은 곳에서 물건 훔치는 것도 별다른 죄의식 없이 행하는 것을 자주 본다.

　공중이 함께 사용하는 전철이나 음식점 같은 곳에서 다른 사람들은 아랑곳하지 않고 마음껏 뛰놀도록 하는 것이 아이의 기(氣)를 살리는 것이고, 주먹이나 심지어 흉기까지 휘두르는 아이가 과연 강한 것인가? 그렇지 않다. 그것은 참을성이 없는 것이지, 강한 것도 아니고 기백(氣魄)이 있는 것도 아니다. 참을성이 없기 때문에 참아야 될 장면에서 참지 못해서 범죄행위로 나아가고 자기보다 힘이 센 사람을 만나면 그렇게 약할 수가 없다. 진정으로 기백이 있고 강한 사람이란 요령 있고, 심지어 범죄행위까지도 서슴지 않는 그런 사람이 아니라 더불어 사는 지혜가 있는 사람을 가리킨다.

　세상은 만인에 대한 만인의 투쟁의 장(場)이 아니고 더불어 사는 곳이므로 예의와 질서를 지키는 자가 종국에는 이기는 아름다운 곳이다.

절약의 경제학

오랜 만에 출장을 겸해서 시골에 계신 노모(老母)를 뵈올 기회를 가졌다. 나로서야 어릴 때 입맛이 배어 있는, 어머님이 손수 해주시는 음식을 먹고 싶은 마음이지만 노모를 고생하시게 할 수도 없어 밖에서 식사하시기를 청하였더니 왜 허튼 돈을 써야 하느냐 하시면서 굳이 집에서 먹기를 고집하시고 이미 장어국을 끓여 놓으신 것이었다.

새로운 국가적 경제위기를 맞이하여 모두 소비를 극도로 자제하고 있는 때라 적당한 소비는 경제에 도움이 된다는 지도(指導)가 정부측으로부터 흘러나오고 있다. 경제학에 문외한(門外漢)인 필자로서는 이럴 때 제일 곤혹스럽다. 자식들이 사준 내의를 아깝다고 입지 않으시고 몇 겹이고 누비고 기워 절약하는 어머님의 생각이 옳은 것인지, 아니면 적당히 호의호식을 해야 옳은 것인지. 외출복을 그때마다 어울리게 입는 것이 귀찮을 뿐 아니라 분수에도 맞지 않은 것 같아 대개 철에 한 벌, 남의 눈에 띄지 않는 집에서는 사계절 똑같은 옷을 입는 버릇이 있는 필자로서는 이제는 옷에 대한 안목도 키워서 사치를 해야 국가경제에 도움이 되는 것인지 알다가도 모를 일이다.

무한정 소비를 확대하고 그에 따라서 생산이 늘어나 공장 종업원의 급료가 올라가고 그러면 국민소득도 올라갈 것 같은데, 왜 어릴 때부터 독일 사람들은 여러 사람이 모여야 성냥을 켜서 담뱃불을 붙인다는 등 교과서에서는 절약을 가르쳤는지. 그러다가도 느닷없이 소비가 미덕이라고 떠들어대는지 도무지 종잡을 수가 없다.

고급 옷을 비롯한 호화사치품을 소비하면 천하에 죽일 놈이고, 해외여행이 무슨 범죄처럼 취급받는다면, 우리는 왜 기를 써서 부가가치가 높은 호화사치품을 수출해야 된다고 목청을 높이며, 왜 외국의 관광객 유치를 위하여 백 가지 묘안을 짜내는 것인지. 변호사가 되어 난생 처음으로 해외로 여행을 떠나면서 얼마나 뒷골이 댕겼는지 지금 생각해도 무슨 큰 죄를 짓는 기분이었다.

공연한 걱정을 한다고 웃을 사람이 분명히 있을 것이다. 그러나 우리 사회는 그 동안 분명 가치중립적 사안을 두고도 좋다 나쁘다라는 이분법으로 흑백을 분명히 하는 것에 길들여지지 않았나 하는 생각이 든다.

 자식에게 절약정신을 가르치기 위해서 변호사가 된 아들이 모처럼 사주려는 식사도 아껴야 된다고 하는 어머님의 태도가 맞을 수 있는 것이고, 피곤한 여행에서 돌아와 쉬고 싶은 아내에게 굳이 절약해야 된다고 집에서 밥 먹기를 청하는 내 태도가 같은 절약이지만 틀릴 수가 있는 것이다. 절약의 본래 모습이야 그 스스로 좋고 나쁜 것이 어디 있겠는가. 하다 보면 멀쩡한 가구도 버릴 수가 있는 것이고 다 떨어진 옷도 기워서 입을 형편이 있는 것 아니겠는가.

 남이 하는 일을 좋다, 나쁘다는 관점이 아니라 정당하다, 분수에 넘는 것이다라는 판단으로 봐 주기만 해도 세상사는 맛이 조금은 나아 질 것 같다. 고급 옷을 입을 수 있는 사람이 고급 옷을 입어도 욕을 먹는 세상이 되어서야 쓰겠는가.

절약의 경제학

행운찾기

약 12년 전 지방근무를 계기로 전세금의 차액 1천만 원으로 주식을 사 둔 일이 있었다. 연전에 약 400만 원 정도로 평가된다는 말을 아내로부터 들은 기억이 있는데, 며칠 전에 그나마도 200만 원 정도로 떨어졌다는 것이다. 처음이자 마지막인 주식거래다.

　대학에 들어와서 상법(商法)을 배우기 시작하였을 때 주식이란 회사의 영업이익이 있으면 배당을 받고 장기적으로는 완만하나마 가치가 오르기 때문에 현금을 은행에 맡기는 것보다는 유리할 때가 많다는 정도의 선입견을 가지고 있었다. 적어도 주식이란 회사의 재무나 영업상태를 나타내는 것이므로 며칠을 두고는 그 변동이 심하지 않는 것쯤으로 알고 있었다. 그래서 이른바 증시를 부양한다는 것도 회사의 근본인 영업을 강화하는 쪽의 정책이라면 이해가 가나 주식을 사고 팔 수 있는 돈을 쏟아붓는 것이 증

시부양의 근본책이 되는 것이냐에 비전문가로서 항상 이해가 가지 않는 부분이기도 하다.

   회사의 영업상태가 별로 변한 것 같지도 않은데 무슨 조화인지 우리 주식은 그 가격변동에 머리가 어지럽다. 대주주가 경영지배를 위한 때 말고는 은행이자보다는 좀더 나은 배당금을 바라보고 소유하고 있다는 사람을 주위에서 본 적이 없다.

   주식으로 단기간에 큰 돈을 모았다는 사람들을 직접 본 적은 한 번도 없고 단지 언론이나 풍문으로는 듣기는 한다. 그런데 단기간에 버는 큰 돈이라는 것이 하늘에서 떨어지는 것이면 좋은 것이다. 그러나 대저 모든 행운(幸運)이란 남의 희생이나 손해가 거기에 묻어 있다고 보면 된다. 마냥 좋아만 하고 있을 것이 아니라는 것이다.

   물론 사람이 살아가는 세상에 도박의 요소가 없을 수는 없다. 그러나 요즈음의 주식시장에서처럼 주식에 대한 앞서와 같은 소박한 선입견으로 거래를 하다가는 광범위한 피해자만 속출하게 하는 장(場)을 국가가 합법적으로 제공하고 있다고 해서야 말이 되겠는가 말이다.

   영어로야 그럴 듯하게 윈윈(win-win)이라고 표현하지만 누이 좋고 매부 좋다는 것이 같은 말이 아니겠는가. 우리 형편에 그런 이상적인 주식시장을 가진다는 것이 물리적으로 불가능하다면 담뱃갑에 있는 경고문처럼 증권회사 앞에 '주식거래에는 한 사람의 행운에 수많은 사람들의 희생이 뒷받침되어 있습니다' 라는 간판이라도 걸어두는 것이 바람직하지 않을는지.

   건전한 상식만으로는 통하지 않는 세상, 전문가의 지식에다가 잔재주가 가미되어야 그런 대로 먹고 살 수 있는 세상, 원래 세상살이가 그런 것이라고 말한다면 할 말이 없지만.

나이듦에 대하여

벌써 지천명(知天命)의 나이를 훌쩍 넘어서 버렸다. 무거운 짐을 들다 허리가 삐끗 해서 한 달 이상 침을 맞는다, 신경외과에 다닌다 수선을 떤다. 아직은 늙은 기분이 들지 않기에 젊은 시절처럼 책상에 오래 앉아 있다 말고 바로 물건을 들거나 해보면 영락없이 신체의 일부분이 불편하다.

자기발전을 위해서 새벽에 일어나 열심히 책을 보는 것도 나름대로 중요하겠지만, 이제는 매일매일의 운동이 부족하면 그로 인한 신체의 불편으로 그나마 조금씩 보던 책도 더 이상 볼 수가 없는 나이가 되어버렸다. 그래서 일과를 시작하기 전 책을 보는 이상으로 빼어놓을 수 없는 것이 전신의 관절을 푸는 일이다.

내 몸이 벌써 이렇게 되었나 하고 한숨 쉬어보지만 어쩌겠는가. 그저 맞춰 살아가는 수밖에. 어쩌다 또래의 사람을 보면 내 모습은 다른 사람에게 저렇게 늙어 보이지 않겠지 하고 자위해 보지만 그 이상 보일 수도 있다는 게 오히려 현실이리라. 어쩌다 회고담이라도 할라 치면 보통 '삼사십 년 전 일이야' 하시던 선배님의 말씀이 새삼스럽다.

여행을 갔을 때 일이다. 공교롭게도 같이 간 분 중에 은퇴생활을 하면서 노년을 즐기는 분이 있었는데, 부다페스트의 고궁에서 고향 친구를 만나는 장면을 목격한 바 있다. 그 분 이야기가 멀리 안면 있는 사람이 무리 속에 있는 것을 보고 머나먼 타국에서 이상하다 생각을 하면서도 '저렇게까지 늙었는가, 설마' 했다는 것이다. 그런데 솔직히 내가 보기에는 그 친구분보다 그분이 더 늙어보이는 것이었다.

나이가 들어간다는 것을 느끼는 그 자체가 아쉬움이고 욕심이리라. 지금이 20대라면 하는 바람 따위는 추호도 없지만 더 늙어서도 앞으로의 일만 생각하면서 살고 싶다. 젊은 시절이야 미래를 위한 투자랍시고 장기투자가 얼마든지 가능하겠지만, 이제 일할 수 있는 나이가 얼마 남지 않았다는 생각이 든다. 지금 투자하는 그 시간도 이제는 얼마 남지 않은 그 일할 시간을 갉아먹고 있는 것이다. 투자해서 새로운 삶을 개척하겠다는 생각 따위는 있을 수도 없는 일이라고 체념하는 것이 현명한 것이다. 내세울 게 없는 현재의 삶이지만 이것이 나이든 내 인생이려니 부끄러워하면서도 마음 고쳐먹고 살아갈 수밖에.

나이듦에 대하여

■ 저자 약력

박 정 규

1968년 부산고등학교 졸업
1974년 고려대학교 법과대학 졸업
1980년 제22회 사법시험 합격
1982년 사법연수원 수료(제12기)
1982년 광주지방검찰청 검사
1985년 춘천지검 속초지청 검사
1986년 서울지검 동부지청 검사
1988년 광주지방검찰청 검사
1990년 서울지방검찰청 검사
1992년 부산지방검찰청 검사(고등검찰관)
1994년 청주지방검찰청 영동지청장
1995년 대검찰청 공보관
1997년 법무부 관찰과장
1998년 법무부 조사과장
2000년 서울지방검찰청 동부지청 형사 제3부장
2000년 변호사 개업(金·張 법률사무소)

나남산문선 · 56

박정규 산문집 청소하다가 …

2003년 3월 25일 발행
2003년 3월 25일 1쇄

저 자 : 朴 正 圭
발행자 : 趙 相 浩
발행처 : (주) 나 남 출 판

서울 서초구 서초동 1364-39 지훈빌딩 501호
전　　화 : (02) 3473-8535(代), FAX : (02) 3473-1711
등　　록 : 제 1-71호 (79. 5. 12)
홈페이지 : www.nanam.net
　　　　　post@nanam.net

책값은 뒷표지에 있습니다.　　　　　　ISBN 89-300-0856-9